KB269586

십계명, 인류 보편의 기본법

십계명, 인류 보편의 기본법

초판 1쇄 발행 2026년 1월 15일

지은이 마티아스 쾨커트
옮긴이 이상원
펴낸이 권현정
편집 이은창
디자인 매듭

펴낸곳 아르토스 | **출판등록** 2021년 9월 2일(제2021-000131호)
주소 경기도 파주시 미래로 369-13, 한울플라자 4층 403호
전화 031.943.0839 | **팩스** 0303.0100.1103 | **이메일** kangaroobooks@naver.com

ISBN 979-11-978978-7-0 03230

DIE ZEHN GEBOTE revised edition by Matthias Köckert

십계명,
인류 보편의
기본법

십계명의 형성 과정과
영향사

마티아스 쾨커트 지음
이상원 옮김

아르토스

일러두기

• 이 책은 마티아스 쾨커트 Matthias Köckert의 *DIE ZEHN GEBOTE*를 옮긴 것이다. 번역에서 성경의 장절 표시는 개역개정 한글성경을 따랐고, 저자의 인용 구절과 개인 번역은 개역개정 한글성경을 참고했다. 개역개정 한글성경과 다른 히브리어 성경 구절은 괄호 안에 표시해 두었다.

이 책에 대하여

십계명은 잘 알려진 성경 본문 가운데 하나로서 문화사에 깊이 그 자국을 남겼다. 한 주간의 리듬과 매주 한 번의 안식일은 십계명에 기인한다. 오늘까지도 정치인들은 인류의 이 기본법에 근거하여 호소한다. 마티아스 쾨커트Mathias Köckert는 십계명이 어떻게 생겨났는지와 본래의 의미가 무엇인지를 알기 쉽게 설명하고, 이 계명이 유대교, 그리스도교, 이슬람교에 끼친 영향의 역사를 기술한다.

차례

서론

I

우리 문화유산으로서의 십계명

유대-그리스도교에서 전승된 것 중 오늘날 십계명만큼 서양 문화에 영향을 끼친 것도 없다. 비록 십계명의 전문과 그 의미를 아는 사람은 점점 줄어들고는 있지만, 십계명은 누가복음의 성탄 이야기에 비길 만큼 성경에서 잘 알려진 본문이다. 대부분의 사람은 적어도 십계명이라는 이름 정도는 알고 있다. 특히 이웃과의 관계를 다룬 계명들이 잘 알려져 있는데, 그중에서도 가장 유명한 것은 "살인하지 말라!"다.

많은 사람들이 "너는 …을 하라!"와 나아가 "너는 …을 하지 말라!"를 유대-그리스도교의 도덕과 동일시하고, 그것이 억압적일 것이라 여겨 막연한 거부감을 드러낸다. 그러나 십계명 자체는 억압적 사용에 관하여 전혀 언급하지 않는다. 그러한 성급한 판단들은 십계명의 본래 의미와 영향사적 관점을 살펴봄으로써 피할 수 있을 것이다.

헤르만 라우쉬닝에 의하면 십계명과 첨예하게 대립한 사람들은 국가사회주의자들이었다. 그는 1943년에 히틀러가 자신의 선전 선동 담당자 괴벨스 및 내각의 다른 심복들과 함께 십계명에 대해 이야기를 나눈 상세한 담화를 전한다. 히틀러는 십계명을 "우리의 가장 건강한 본능의 왜곡"과 "노예 주인의 채찍"으로만 받아들인다. "이 끔찍한 '너는 하여야 한다, 너는 하여야 한다!'. 참으로 어리석은 '너는 하지 말아야 한다!'. 시나이산의 저 저주! 그것은 우리의 피에서 제거되어야 한다. 그 독은 유대인뿐만 아니라 그리스도인까지 인간의 자유롭고 놀라운 본능을 훼손하고 더럽혔으며 비열한 두려움의 수준으로 내리눌렀다." 히틀러는 자신이 십계명에 반대하여 새로운 법률의 돌판을 세울 날이 다가온다고 예고하며, 훗날 **역사가** 국가사회주의 운동을 "시나이산의 저주로부터 … 인간을 해방하기 위한 위대한 격전"으로 정당화할 것임을 확신한다. "우리는 맞서 싸운다. 자기 학대의 마조히스트적 정신에 맞서, 약자들을 강자들로부터 보호하기 위한 우상이

된 이른바 도덕의 저주에 맞서, 투쟁의 영원한 법칙, 신적 자연의 위대한 법칙을 바라보며, 우리는 이른바 십계명과 투쟁한다."

십계명에 대한 위협은 단지 사회적 소수 집단을 위한 특별한 도덕적 위기 그 이상의 문제다. 십계명은 정당하게 모든 시대 모든 장소에 타당한 보편적 도덕법칙으로 여겨진다. 나치스는 그것을 알아챘고, 바로 그렇기에 십계명을 경멸했다. 토마스 만은 그가 표현한 "인간적 품위의 정수"를 십계명에서 깨달았기 때문에 십계명에 대한 히틀러의 경멸을 인간성의 모독으로 파악했다. 그의 미국 망명 시절, 빈 출신의 출판 에이전트 아민 L. 로빈슨은 토마스 만을 포함해 여러 작가들에게 『십계』*The Ten Commandments*에 관한 글을 써 줄 것을 부탁했다. 그중에는 시그리드 운세트와 프란츠 베르펠도 있었다. 토만스 만은 이미 이 책의 첫 부분을 맡을 준비가 되어 있었고, 1943년 책에 실을 단편소설을 단 몇 달 만에 썼다. 소설의 영어판 제목은 십계명의 첫 계명인 "너는 나 이외에 다른 신을 섬기지 말라"였고, 1년 후 스톡홀름에서 따로 출판된 독일어판의 제목은 『율법』*Das Gesetz*이었다. 토마스 만은 소설에서 십계명의 형성 역사를 그가 명명하는 "인간다운 자세의 형성"을 통해 인간다운 인간이 되어가는 역사로 묘사한다. 그에게 십계명은 인간다운 자세의 기초였다. 그는 원고 청탁의 취지에 맞게 "영원히 간결한, 강제력과 구속력이 있는 하나님의 압축된 도덕법칙"을 국가사회주의자들의 야만적 행위에 맞세운다. 바로 십계명이 "이 땅의 사람들이 갖춰야 할 인간적 품위의 기본 규정과 반석"이기 때문이다. 비록 하나님의 말씀이 이스라엘을 향해 있다고 하더라도, 그 말씀은 모든 사람이 그 유효함을 인정할 만큼 "부지불식간에 모두를 위한 말씀이 되었다"라고 말한다. 소설의 말미에 라우쉬닝이 전한 히틀러의 신성모독을 암시하는 발언들이 나온다. 당시 기록이 사실로 받아들여졌기에 그 내용을 인용하며 모세의 입에서 나온 저주로 일관성 있게 마무리한다. "거기서 일어나 '십계명이 더는 유효하지 않다'라고 말하는 자는 저주를 받을 것이다." 모세의 청중들은 그 저주를 받아들인다. "모든 백성은 '아멘' 하였다." 소설의 독자들도 그 저주에 찬동하고 십계명을 통해 "종교와 인도주의에 여전히 의존하는 세상"에 참여하라고 초대한다.

토마스 만보다 400여 년 앞선 1515년, 루카스 크라나흐는 비텐베르크 시청 법정의 대형 벽화에 인류의 보편적 원칙으로서의 십계명에 대한 이해를 이미 형상화했다. 벽화에 그려진 열 가지 장면은 각각의 계명을 그 당시 일상의 모습으로 나타낸다. 모든 장면은 커다란 아치로 연결되어 있는데, 이 아치는 모든 사람을 위한 하나님의 평화의 표시로 창세기 9장에서 대홍수가 끝나고 나타난 "구름 사이의 무지개"를 떠올리게 한다. 여기서 이스라엘을 위한 십계명은 대홍수 이후의 무지개처럼 인류 전체를 위한 기본 법규임을 상징한다. 이 그림은 처음 그림이 있던 비텐베르크 법정에서 법률의 기초가 되는 "기본법"이 무엇인지 사람들에게 보여주는 역할을 했고, 그 법에 기초해 판결이 내려졌다. 19세기 말 브레멘시 지도자들이 브레멘 지방법원 전면의 정문 위에 황금빛 글자로 십계명을 설치했을 때도 그들은 이와 유사하게 생각한 듯하다. 십계명은 배심재판이 열리는 법정의 바깥 창문 난간에 있다. 나치가 권력을 잡은 후인 1936년에 십계명은 건물의 전면에서 사라졌다. 그렇지만 "여전히 종교와 인도주의에 의존하는" 몇몇 브레멘 시민들이 십계명 모자이크를 슬래브로 가려놓아 보존했다. 그 결과 오늘날에도 그곳에서 판결을 구하고 판결을 내리는 사람들 모두가 창문 사이 열 개의 판벽 위에 있는 십계명을 읽을 수 있게 되었다.

그렇지만 오해하지 말아야 한다. 전혀 다른 이유이기는 하지만, 오늘날 십계명에 대한 논란이 전혀 없는 것은 아니다. 논쟁은 십계명의 기원과 내용보다는 십계명을 그리스도교와 유대교의 상징으로 해석할 가능성에서 시작된다. 이러한 종교적 상징으로서의 십계명은 비종교적인 세속국가와 연관성이 없어 보인다. 실제로 미국 시민 중 일부는 십계명이 세속국가와 무관하다고 주장하며 다양한 방법으로 십계명에 대응했다. 한편으로 그들은 공공건물 앞에 있는 십계명 기념 건축물에 "공공장소에서는 금지"라는 경고를 덧칠하고, 다른 한편으로 소송을 진행했다. 대법원의 판사들은 격렬한 토론 끝에, 1960년대에 텍사스 오스틴 의사당 앞에 세워진 기념 비석을 그 장소에 그대로 둘 수 있다는 근소한 차이의 판결을 내렸다. 대법원은 판결의 근거로 십계명이 종교적 상징일 뿐만 아니라 나아가 보편적인 역사적 의미를 갖는다는 점을 제시했다. 그렇지만 이 논거가 켄터키의 두 법원 건물에서 십계명이 철거되는 것을 막을 수는 없었다.

십계명과 관련된 문화적 기억에서 오늘날 가장 뚜렷한 것은 10이라는 숫자, 명령, 금지의 혼합이라는 외적인 형식이다. 무엇보다 10이라는 숫자가 특징적으로 작용한

다. 십계명 가운데 중요한 것이 빠져있기에 이것저것 더
채워야 한다고 생각하는 경우에도 10은 그대로 적용하려
고 한다.

십계명을 모방한 것들 가운데 인상적인 사례들이 발견
된다. 그중 프리드리히 슐라이어마허가 1798년에 쓴 "고
결한 여성을 위한 이성의 교리문답"*Idee zu einem Katechismus
der Vernunft für edle Frauen*이 떠오르는데, 이것은 십계명의 외
적인 형식을 취하고 있을 뿐만 아니라 각각의 계명들과 내
용에서도 십계명과 연관되어 있다. 슐라이어마허는 부모
를 공경하라는 계명에 "네 자녀들이 잘 자라서 세상에서
활력 있게 살 수 있도록 아이들의 자유의지와 고유한 성품
을 존중하라"를, 간음을 금지하는 계명에 "이혼할 수밖에
없는 결혼은 하지 말라"를 대응시킨다.

몇몇 인상적인 것들 외에 매우 터무니없는 것도 많다.
연설가를 위한 십계명, 행복의 십계명 등이 그렇다. 최근
『교육의 **십계명**』*Die (!) 10 Gebote der Erziehung*이라는 제목의
책이 출간되었다. 그렇지만 이 책은 권리나 법 또는 도덕
규칙을 다루지 않고 자기 계발에 관련된 정보나 내용을 다
룬다. 이 책이 주는 조언은 다음과 같은 것들이다. "연설가
로서 성공하고 싶다면 짧게 간추려 적절하게 표현하라"

또는 "교육에 성공하고 싶다면 당신의 아이를 존중하라". 십계명 역시 "잘 살기 원한다면, 살인하지 말라"는 식의 조언들인가? 아니면 윤리적 준칙인가?

십계명의 영향을 받은 아주 특이한 사례로 발터 울브리히트가 1958년 독일사회주의통일당 제5차 당 대회에서 선언한 "사회주의 도덕의 십계명"을 들 수 있다. 이 선언문의 첫 강령은 "노동자 계급의 국제 연대"와 "모든 사회주의 국가들의 확고한 단결"을 위해 노력하라는 것이다. 두 번째 강령은 애국심을 "모든 힘과 능력을 노동자—농민 권력의 수호를 위해 바칠" 항시적인 태세르 설명한다. 네 번째 강령은 "사회주의를 위한 선행"의 실행을 촉구한다. 이 강령은 그 자체로 명료하지 않기 때문인지 유일하게 다음과 같은 근거를 하나 덧붙인다. "… 사회주의는 모든 노동자를 더 나은 삶으로 이끌기 때문이다." 계속해서 강령은 다음과 같이 요구한다. "생산 공동체를 존중하고 공동체의 비판에 유념하라." "검소하고 사회주의적 노동 규율을 강화하라." "자녀들을 모든 면에서 교양 있고 굳건하며 육체적으로 단련된 인간으로 교육하라." 요구의 정점은 "고결하고 품위 있게" 살며 가족을 존중하라는 것이다. 앞서 살펴본 것처럼 이 명령들은 우호적인 조언이 아니라 도덕적 요구로 여겨졌다. 이 공허하고 형식적인 강령은 성경의 형태로 독일사회주의통일당 강령에까지 받아들여졌지만, 1976년에 다시 사라졌다. 이 기묘한 사례에서 볼 수 있듯이 십계명을 따라 한 것들은 사유의 밀도와 깊이에서 성경의 원형 뒤로 멀리 쳐져 있다.

그 원형에서는 돌에 새겨진 표현의 간결함, 간명함, 가장 나쁜 의지조차도 인정해야 하는 금지의 명증성이 두드러진다. 하지만 이러한 특별함이 십계명의 지위를 곧바로 끌어올린 것은 아니었다. 십계명은 구약성경에서 매우 중요하게 언급되지만, 고대 유대교에서조차 눈에 띄는 역할을 하지 않는다. 신약성경에서는 선택적으로 인용되고, 정신사와 문화사에서는 중세 후기까지 오히려 그늘에 가려진다. 십계명은 마르틴 루터를 통해서야 비로소 서양에 널리 알려진다. 1592년 그의 "소교리문답"은 십계명을 대중들에게 널리 알리는 엄청난 파급효과를 가져왔다. 그 이후로 십계명은 그저 서양의 정신사와 문화사의 문서실에 보관되는 것에 그치지 않고 우리의 문화유산이 되었다.

그러나 모든 유산이 기쁨을 가져오는 것은 아니다. 몇몇 유산은 그 상속자들에게 양가감정을 불러일으킨다. 십계명도 오늘날 많은 사람들에게 매우 상반된 것으로 경험된다. 그것은 십계명이 길고, 때로는 힘겨운 역사를 지니고 있기 때문이다. 여기에는 독단적이고 현실과 괴리된 교리문답의 가르침과 가혹한 교육학의 책임이 적지 않다. 이것들은 도덕적 매질로서 십계명을 오용했고, 심지어 십계명으로부터 자유를 보전하기 위한 규범이 아니라 열 가지의 커다란 고통을 경험하도록 만들었다. 이미 1809년 요한 볼프강 폰 괴테조차도 자신의 소설『친화력』*Die Wahlverwandtschaften*에서 미틀러*Mittler*라는 암시적인 이름을 가진 목사를 통해, 사람들 사이의 관계처럼 아이들 교육에서도 "금지, 금지법, 금지령보다 더 미숙하고 미개한 것은 없다"라고 주장한다. 오히려 이와 반대되는 덕목들이 요구되어야 한다는 것이다. 그래서 미틀러그리고 괴테에게는 오직 부모 공경 계명만이 "매우 매력 있고, 이성적이며, 긍정적인 계명"으로 호의적으로 다가온다. 괴테가 미틀러를 통해 보여준 낙관론은 유례없는 전쟁과 공포의 시간을 거친 20세기가 지나간 후 완전히 자취를 감추었다. 괴테에 따르면 인간은 만약 할 수 있다면 선한 것, 목적에 부합하는 것을 기꺼이 행한다. 문제는 "만약 … 라면"에 있다. 선한 행위는 저절로 이루어지지 않음이 분명하기 때문이다.

우리는 처음부터, 특히 산상수훈마 5장의 안티테제에서 예수가 십계명을 급진적으로 해석한 이후로, 십계명에 지속적으로 따라붙은 논란에 다가선다. 십계명은 간결하고 간명하며 설득력이 있다. 그렇기에 십계명은 폭넓은 동의를 얻을 수 있고 공공의 존중을 받을 수 있다. 사람들은 십계명을 큰소리로 칭송하지만, 실제로는 소리 없이 때로는 거리낌 없이 공개적으로 어긴다. 십계명을 외우고 있느냐는 질문에 풍자 코미디언 디터 힐데브란트는 다음과 같이 대답했다. "다섯 개는 아직 외웁니다. 너의 부모와 간음하지 말라. 뭐 그런 비슷한 것. 너 외에 다른 신을 두지 말라. 특별한 의미가 없다면 거짓말을 하지 말라. 살인하지 말라, 다만 그가 없어져야 할 경우는 제외하고." 물론 이러한 이야깃거리는 이 책의 논의 대상이 아니다.

이 책의 성경 본문은 나의 번역이거나 루터 번역 성경1984년 개정판에 따라에서 인용했다. 루터는 하나님의 이름을 항상 "주der HERR"로 번역했고, 이 경우 다른 모든 "주Herr"와 혼동하지 않도록 대문자로 표기했다. 이것은 히브리어 아도나이Adonaj와 일치하는데, 유대교에서는 처음부터는 아니지만 이미 오래전부터 대부분 하나님의 이름 대신 아도나이Adonaj로 읽는다. 이 때문에 하나님의 이름 야훼Jhwh의 네 자음을 아도나이Adonaj, "나의 주님들"의 모음으로 표기하고, 이렇게 함으로써 "주"로 자처하는 모든 것들과 구별한다. 본디 히브리어 필사본은 모음 없이 자음으로만 기록했기 때문에 하나님의 이름인 Jhwh의 발음은 역사적으로 불분명하다. 따라서 여기서는 하나님을 히브리어 자음 소리 그대로 나타낸 야훼Jhwh로 표기한다.

많은 "규정들",
그 가운데 유일한
"열 가지 말씀"

2

십계명의
특별함

우리가 학교나 교회 또는 박물관의 그림으로 알게 되는 십계명은 성경에 존재하지 않는다. 성경도 십계명을 우리가 알고 있는 것만큼 대단하게 묘사하지 않는다. 십계명의 대부분은 긍정 명령이 아니라 금지 명령이다. 모든 긍정 문장과 금지 문장을 합하면 10개가 넘는다. 시나이산에서 명령들이 선포될 때출 20장뿐만 아니라 모압 땅에서 모세가 행한 고별연설신 5장에서도 이 문장들을 포괄하는 명칭 또는 제목이라 할 만한 것은 발견되지 않는다. 이보다 나중에, 신명기에서 늘 호렙산이라 불리던 하나님 산에서 있었던 사건에 대한 회고신 4:13; 10:4에서 비로소 "열 가지 말씀"에 대해 명확하게 언급한다. 이 명칭은 신명기부터 출애굽기에 닿아있다. 출애굽기 34장 28절에서는 "언약의 말씀"을 돌판에 쓰인 말씀과 동일시하고, 이것을 다시 "열 가지 말씀"과 동일시한다. 또 다른 돌판에 쓰인 말씀들은 전승되지 않기 때문이다. 기원전 250년경 알렉산드리아에서 나온 그리스어 성경 70인역은 신명기 10장 4절의 표현을 *hoi deka logoi* 열 가지 말씀로 직역하는데, 그 이후로 라틴어 *decalougus* 십계명로 옮겨진 뒤 "데칼로그"Dekalog가 십계명을 나타내는 말로 통용되었다. 그림 형제의 독일어 사전에 실려 있듯이 단수 "십계명"을 사용했던 옛 독일어 용법에는 단수 "열 가지 말씀"이 부합한다. 따라서 열 가지 말씀, 데칼로그, 십계명은 모두 동일한 것을 가리킨다.

이야기에서 드러나는 특별함

대체로 고대의 저자들은 한 사태의 의미를 분명하게 언급하지 않는다. 의미는 오히려 현실에 나타나는 방식에 따라 결정되기 때문이다. 따라서 긴 이야기 안에서 데칼로그의 자리와 데칼로그를 전달하기 위한 연출이 매우 중요하다.

데칼로그는 이스라엘이 자신들의 미래를 확인하기 위

해 자신들의 기원에 관해 이야기하는 거대한 서사에 등장한다. 이야기는 출애굽기에서 시작하고 여호수아에서 끝난다. 긴 이야기의 중심인물은 모세다. 구약성경에서 모세의 두드러진 점은 하나님께 가까이 다가가는 권한이 그에게만 주어지고, 그로부터 그의 권위가 높아진다는 것이다. 모세는 하나님 야훼의 위임을 받아 이스라엘 민족을 이집트에서 데리고 나와 광야를 거쳐 약속의 땅 경계까지 이끌고 간다. 모세가 거기서 죽자 하나님이 친히 그를 묻으신다. "그 후에는 이스라엘에 모세와 같은 선지자가 일어나지 못하였나니 모세는 여호와께서 대면하여 아시던 자요"신 34:10. 이집트에서 나오는 출구와 약속의 땅으로 들어가는 입구 사이 광야에 있는 하나님의 산에서 모세는 하나님의 뜻 곧 율법을 이스라엘 백성에게 전한다. 이 부분은 긴 이야기의 한가운데 있다. 이 부분은 장대한 범위와 복잡한 형태를 가지고 있으며 출애굽기 19장과 민수기 10장 사이의 방대한 항목들을 포괄한다. 이 모든 것은 느슨한 이야기 틀을 통해 시나이산이라는 장소로 모이는데, 대부분이 제의 규정과 법규로 이루어져있다. 수세기에 걸쳐 많은 사람들이 이 부분을 쓰고 편집했다. 이 가운데 우리는 짜임새를 갖춘 두 이야기 곧 출애굽기 19-24장과

32-34장을 자세하게 살펴야 한다. 여기가 이야기의 심장부다. 이 부분의 이야기는 상당히 복합적이다. 야훼 하나님이 우레와 번개 사이에서 하나님의 산에 나타나신다출 19장. 그는 먼저 데칼로그출 20장로, 그런 다음에 계약법전출 21-23장으로 자신의 뜻을 알리고, 그것으로 이스라엘과 자신이 관계 맺는 것을 보증하신다. 율법을 의무로 받아들이고 제물을 바침으로써 맺은 언약출 24장은 하나님과 이스라엘 민족 사이의 관계를 확정한다. 하나님의 임재로 폭풍이 극적으로 고조된 후 백성이 두려움에 떨며 물러나기 전 하나님과 이스라엘 민족의 만남이 최고조에 달하는 순간에 데칼로그가 등장한다. 데칼로그는 시나이산에서 이스라엘이 직접 들은 하나님의 첫 말씀이다. 데칼로그의 중요성은 데칼로그가 선포되는 장엄한 상황과 일치한다. 데칼로그가 모든 다른 규약과 법률들 맨 앞에 놓인다는 것은 이후의 많은 법 규정들과의 관계에서도 중요한 의미를 갖는다.

물론 시나이산에서 하나님이 데칼로그만 말씀하신 것은 아니다. 출애굽기 24장 7절에서 그 이름을 얻게 되는 계약법전이 나오고 조금 뒤 출애굽기 34장에서 말씀들이 이어지는데, 이 말씀들에 근거하여 하나님은 다시 한번 백성과 언약을 맺으신다. 데칼로그를 시나이산 이야기에 끼워 넣은 이야기의 저자는 이스라엘이 모세의 중재 없이 하나님으로부터 직접 듣는다는 점에서 데칼로그를 다른 모든 말씀들과 구별한다. 하나님 앞에서 거룩한 두려움에 휩싸인 백성들은 더는 하나님이 직접 말씀하지 말고 모세만이 그들에게 말해주기를 간청한다20:19-21a. 이후로 모든 명령, 율법, 말씀들이 출애굽기 19장부터 민수기 10장에 걸쳐 하나님의 중재자인 모세를 통해 선포된다.

출애굽기 19장에서 시작한 이야기는 24장의 언약 맺음 및 희생제물과 함께 마무리된다. 두 번째 이야기가 24장 12b, 18절에서 갑작스레 시작한다. 거기서 모세는 "토라와 계명"이 새겨진 돌판을 받기 위해 산에 올라가야 한다. 이것은 십계명을 의미하는데, 우리가 성서 전승에서 다른 돌판의 존재를 알지 못하기 때문이다. 게다가 모세는 백성들과 떨어져 홀로 40일 밤낮을 하나님 앞에 머물게 되면서 하나님에게 다가간 특별한 사람으로 인정받는다. 그 두 돌판은 31장 18절에 덧붙었듯이 "하나님의 손가락으로" 하나님이 직접 쓰신 것이다. 하나님의 모든 뜻은 모세의 입을 통해 전해진 반면, 전승에 따르면 십계명은 하나님이 자신의 손으로 직접 쓰신 유일한 자료다. 데칼로그는 신적 권위를 지닐 뿐 아니라 하나님에 의해 돌판에 새겨졌다는 점에서 영구적인 효력을 갖는다.

그렇지만 모세의 지휘가 없는 백성들은 24장 3절에서 "여호와의 명하신 모든 말씀을 우리가 준행하리이다"라고 한 마음으로 약속했던 것을 금방 잊고, 신을 눈에 보이게 나타내기 위해 금송아지를 제작하는 근원적인 죄를 저지른다출 32장. 이 두 번째 이야기는 첫 번째 이야기가 전제되어 있고, 특히 첫 번째 이야기에서 선포된 이방신 금지와 우상 금지 위반으로 채워져 있다. 모세는 산에서 내려와 이후 관용어가 된 "금송아지"를 둘러싸고 춤추는 것을 바라보며 언약이 파기된 것을 깨닫는다. 백성이 계약을 추악하게 위반했기 때문에 모세는 계명이 새겨진 두 돌판을 깨부순다. 이후 모세는 여러 번 사력을 다해 이스라엘의 "큰 죄"를 앞에 두고 하나님이 나타나시기를 간청한다출 33장. 그의 노력으로 이스라엘과 하나님의 관계가 회복되는데, 이는 하나님의 인자함이 끝이 없기 때문이다34:6-7. 이 회복은 시작 부분출 19-24장이 반복되는 방식으로 묘사되는데, 출애굽기 32장의 죄에 대한 지속적인 평가 아래에서만 이야기된다. 그런 이유로 34장 11-26절은 하나님과의 관계에 관한 규정들을 다시 가져온다. 출

34장 10절, 27절은 언약이 다시 맺어졌음을 알려준다. 관계가 회복됨에 따라 모세는 두 개의 돌판을 다시 다듬는다. 그 돌판에 하나님은 처음 돌판에 새겼던 말씀들을 다시 기록하신다34:1, 28b. 이렇게 데칼로그는 이야기 중심부의 첫 하나님 말씀출 20장으로 뿐만 아니라 마지막 말씀으로도 나타난다.

그러나 이것으로 끝이 아니다. 데칼로그가 또다시 등장하기 때문이다. 신명기에서 모세는 요단강 건너편 모압 땅에서 긴 고별연설을 하는데, 그는 시나이/호렙 산에서의 사건을 되돌아본다신 5장. 이 회고는 이스라엘이 하나님과 맺는 관계를 재확인한다. 모세는 하나님이 자신을 어떻게 드러내시는지에 대해 대답한다5:23-31. 그는 시나이산 이야기를 다시 하는 것이 아니라 출애굽기 19-24장의 이야기를 단지 암시함으로써 독자가 이것을 상세히 알고 있다는 것을 전제한다. 세 가지 강조점이 이 회고를 두드러지게 한다. 첫째, 모세는 출애굽의 조상들에게 허락된 하나님과의 관계"언약"가 그들과 함께 무덤에 묻혀 있는 것이 아니라 모세의 회고를 듣는 사람들에게 유효하다는 것을 분명히 한다5:3. 그들은 이미 호렙산에서 하나님이 "얼굴을 맞대고" 말씀하셨던 사람들이다5:4. 이어지는 5:23-31

에서 이를 상세히 전개한다. 여기서도 이스라엘은 십계명을 하나님의 입으로부터 직접 듣는다. 그렇지만 이 회고는 일회적인 역사적 상황을 모든 시대의 이스라엘에 적용하는 상황으로 확장한다. 둘째, 이어지는 구절5:5에서는 데칼로그 전달의 직접성을 제한하고, 그것이 모세를 통해 전달되는 것으로 묘사한다. 이 구절은 데칼로그의 특별함을 다시 제한하기 위해 나중에 덧붙인 것으로 보인다. 이어서 모세는 명확하게 인용을 통해 데칼로그를 소개한다. 그는 출애굽기 20장의 잘 알려진 본문들을 인용하는데, 이를 약간 특색 있게 고쳐 쓴다4장 참고. 셋째, 모세는 자신의 회고에서 하나님이 직접 두 돌판에 쓰셨다는 점에 대한 언급으로 데칼로그의 본문을 확증할 뿐만 아니라, 신명기 5장 22절에서 더하지 말고 빼지도 말라는 서술 규정의 하나인 "… 그리고 하나님은 아무것도 더하지 않으셨다"를 통해 데칼로그의 확정적 완결성을 강조한다. 데칼로그는 이러한 형태로 영구적인 효력을 주장한다.

신명기는 후대의 편집 과정에서 데칼로그의 특수한 지위를 더 확고히 했다. 데칼로그는 신명기 12-26장에 걸쳐진 법 규정들에 앞서 신명기 5장에 위치하는데, 이는 데칼로그가 계약법전에 앞서 출애굽기 20장에 위치하는 것과 같다. 그러나 모세에 의해 하나의 책에 기록된 율법은 "여호와의 언약궤 곁에" 자리를 잡는데_{신 31:26} 반하여, 하나님의 손가락으로 기록된 데칼로그를 담은 두 돌판은 언약의 증서로서 궤 안에 보관된다. 이는 신명기 10장 2절에 분명하게 지시되어 있고 출애굽기 40장 20절에도 전제되어 있다. 이러한 기획과 배열은 신명기 법전을 데칼로그의 해석으로 이해할 수 있음을 보여준다.

데칼로그의 특별한 의미는 신명기 안에 있는 규례와 법의 효력 범위를 데칼로그와 비교하는 데에서도 나타난다. 신명기 12장 1절에서의 표제어가 그 뒤에 이어 나오는 모든 법률을 요단강 서쪽 땅에 한정하는 반면에 데칼로그에는 이러한 종류의 제한이 적용되지 않는다. 데칼로그만이 제한 없이 어디에서나 효력을 갖는다.

이중의 전승, 모든 법규에 앞선 자리, 하나님으로부터의 전달의 직접성, 하나님 자신에 의한 기록, "언약"의 증서, 영속적인 타당성과 제한 없는 효력 범위가 성경에 있는 하나님의 다른 모든 말씀들보다 데칼로그를 두드러지게 한다.

열 가지 말씀과 법

데칼로그의 특징은 법 조항과의 비교에서 더 뚜렷하게 나타난다. 이는 문장들의 형식적 구조, 내용, 법체계의 위치와 관련된다.

성경에서 가장 오래된, 이미 왕정시대에서 비롯된 계약법전에서 다음과 같은 법 조항을 읽을 수 있다.

> 사람이 매로 그 남종이나 여종을 쳐서 당장에 죽으면 반드시 형벌을 받으려니와 그가 하루나 이틀을 연명하면 형벌을 면하리니 출 21:20-21.

이 법 조항은 하나의 구체적인 사례에 맞춰져 있다. 사례가 조건문의 형태로 표현되고 그 조건에 맞춰 법적 결과가 확정된다. 이것은 "사례법" 또는 법원의 판결에 기반을 두는 이른바 "판례법"이라고 불리는데, 이 조항들은 근거와 동기, 종교적 취지조차 참작하지 않는다. 이 법 조항들은 일반적으로 개별 조항들로 전승되는 것이 아니라, 보다 큰 법률집 안에 유사한 주제로 묶인 자료로 만나게 된다. 이 법 조항들과 그것들의 열거는 어느 정도 법률적 업무에서 기인한다. 법 조항들의 편집과 개정과 전승은 관리를 양성했던 서기관 학교에서 행해진다. 그곳에서 교육을 받으면 일종의 판사로서 재판을 진행할 수 있었다. 이 점에서 법 조항들은 법적 결정을 이끌어 냈다. 그렇지만 이 법 조항들의 모음집은 현대적 의미의 "법전"은 아니다.

출애굽기 21장 12, 15-17절에 열거된 사형에 처할 범죄 조항들에서 발견되는 규범들이 이와 유사하다. 이 규범들도 구체적인 사례에서 시작한다. 그러나 형식이나 내용 면에서 판례법과는 확연히 구분된다.

사람을 쳐죽인 자는 반드시 죽일 것이나 출 21:12.

이 유형의 조항들은 자유민 또는 전문적인 판사가 진행하는 성문 앞 법정에서 씨족들 사이에 내려지는 법적 판결에 사용되지 않는다. 그보다는 절대로 넘어서는 안 될 한계를 설정함으로써 가족 내부의 유대를 보호하기 위한 규정들이다. 이 조항들의 기원은 가족과 씨족에서 시작되었다. 여기서 주목할 것은 의도한 행위와 의도하지 않은 행위 사이에 구분이 없다는 점인데, 가족 내에서 생명의 보호가 최고의 선이기 때문이다.

　지금까지 논의된 사례들에서 생명의 보호는 씨족, 마을, 민족의 구성원과 관련되어 있다. 그러나 창세기 9장 6절의 하나님 말씀은 그 범위를 넘어선다. 그 말씀은 특정한 사람들이나 집단의 생명뿐만 아니라, 민족적 또는 종교적 소속과 상관없이 모든 인간의 생명 보호를 지시한다.

　무릇 사람의 피를 흘리면 사람이 그 피를 흘릴 것이니 이는 하나님이 자기 형상대로 사람을 지었음이니라 창 9:6.

　여기서도 씨족 법정과 마찬가지로 정황, 동기, 목적은 고려하지 않는다. 창세기 9장에 의하면 전 인류는 하나의 가족으로 되어 있다. 사람의 생명에 대한 이러한 포괄적인 보호는 그 자체로 명백하게 이해되지 않기 때문에 명확한 종교적 근거가 요구된다. 이를 위해 창세기의 저자는 창세기 1장 26절의 사람에 대한 근본 규정으로 거슬러 올라간다. 그 규정은 모든 사람이 동일한 지위를 가졌음을 언급하는데, 이는 사람이 스스로 얻거나 취할 수 있는 것이 아니라 사람으로 존재한다는 것과 함께 그에게 주어지는 것이다. 하늘과 땅의 창조자는 모든 사람을 이 땅에서 자신의 대리인으로 지정하여 그를 통해 하나님 자신이 인식되게 하셨다. 이러한 근거에서뿐만 아니라 표현 형식에서도 법 조항과는 거리가 있음을 볼 수 있다.

이와 같은 다양한 배경 속에서 십계명은 확연히 두드러진다.

(너는) 살인하지 말라! 출 20:13; 신 5:17.

직접적인 호칭 "너"는 불특정인 채로 모든 개인에게 의무를 지운다. 동사는 목적어를 갖지 않고 어떠한 제시도 하지 않는다. 전적으로 부정되는 동사는 핑계를 허용하지 않는다. 이것은 구체적 사례도 아니고 엄격한 법적 결과도 아니다. 판사는 이러한 문장들을 가지고 판결을 내릴 수 없다. 이 모든 것이 그 문장들을 사례법과 구별되게 한다. 또한 데칼로그는 하나의 주제에 집중하는 구조를 이루고 있지 않다. 바로 주제의 다양성이 데칼로그의 특징이다. 이 다양성이 다른 한편으로 데칼로그를 사형에 처할 죄목들과 연결한다. 그렇지만 데칼로그는 완전히 다른 형식을 사용함으로써 그 목록들과 근본적으로 구별된다. 자세히 살펴보면 데칼로그에는 창세기 9장 6절이 나타내는 보편적 타당성이 결여되어 있다. 이야기 안에서의 배치가 보여주듯이 데칼로그는 우선 이스라엘을 향하는 것이지 인류를 향하는 것이 아니기 때문이다 데칼로그는 그것에 사용된 두 가지 기본 형식 때문에 법률에 자리 잡기가 어려워 보인다. 여러 방식으로 확장될 수 있는 전면적 금지 명령 "너는 …을 하지 말라!"가 열두 번 나온다. 이 명령들은 히브리어 부정어 *lo'* 와 함께 직설법 동사 형태로 표현되는데, 이는 히브리어에서 바람이나 부탁과는 확연하게 구분되는 가장 강한 형태의 부정을 나타낸다. 어떤 행위를 엄격하게 하지 못하게 하는 이 명령들을 "금지법"이라고 한다. 오늘 일부에 남아 있는 직설법적 번역 "너는 …을 하지 않을 것이다"는 여기에 맞지 않다.

"안식일을 거룩히 하라"와 "부모를 공경하라"는 두 긍정 명령이 금지 명령들에 대조된다. 대부분 그와 같은 단정적인 형식은 아니지만, 긍정 명령과 금지 명령은 일반적인 행위 규범의 특징을 나타내는데, 이러한 규범들은 씨족 윤리에 뿌리를 두고 있으며 고대 근동의 지혜 문학과 밀접하게 연관된다. 따라서 단정적 형태의 데칼로그는 법이 아니라 삶과 행위의 규범에 관한 것이다. 이 규범들은 예방을 목적으로 한다. 규범들은 처벌받을 만한 행위를 미리 막음으로써 발생한 범죄를 벌하는 법에 사실상 앞서 있다. 또

가족 안에서의 공동생활에 질서를 세우고 사회화에 기여한다. 그래서 직접적 호칭인 2인칭을 사용하는 것도 이해할 수 있다. 따라서 데칼로그는 법이 아니라 윤리와 태도에 속한다. 모든 법이 전제해야 하는 근본적인 경계를 설정한다. 이 경계를 인정하지 않으면 법은 존재하지 않는다. 그런 의미에서 데칼로그는 법에 대한 규제적 기능도 수행한다.

왕의 법이 아닌 하나님의 선포

1901년과 1902년 사이 겨울에 프랑스 고고학자들은 이란 후제스탄 주 남서쪽 고대 엘람의 수도 수산에서 도성을 발굴하던 중 섬록암으로 만들어진 2m가 넘는 검은 색의 석비를 발견했다. 엘람 군대는 기원전 12년 남쪽 원정길에서 바빌로니아에 있던 이 비석을 전리품으로 가져갔는데, 현재 시점으로 보면 "약탈 문화재"였다. 지금은 파리 루브르 박물관에 있다. 이 비석은 곧바로 유명해졌다. 비석의 양면에 고대 바빌로니아 시대의 법규들이 새겨져 있었기 때문이다. 이 비문은 긴 서언과 결언이 테두리를 두른다.

서언에서 함무라비 왕기원전 1793-1750년은 바빌론의 신 마르둑이 자신에게 "사람들을 다스리고 나라에 질서를 세우는" 일을 맡겼다고 밝힌다. 그러한 이유로 이 법 모음집에 "함무라비 법전"이라는 시대착오적인 이름이 붙었고 조항 표기까지 덧붙었다.

이미 1902년에 본문이 공개되자 곧바로 치열한 논쟁이 벌어졌다. 모세 시대보다 훨씬 앞선 고대 근동법의 원본이 처음으로 주어졌고 나아가 그것이 성경의 법규들과 놀라우리만큼 유사했기 때문이다. 세부적으로는 차이가 있음에도 불구하고 성경의 법규들과 함무라비 법전의 법 조항들은 매우 닮아있다. 하나의 공통된 고대 근동의 법 문화가 이 둘을 결합한 것으로 보인다. 거기서는 단정적 명령으로 표현된 문장들도 발견된다. §38; 187에서는 금지를, §39에서는 허가를 각각 법적 결과에 대한 언급 없이 명시한다. 비슷한 사례가 어쉬눈나 법전이나 중아시리아 법전과 같은 또 다른 고대 근동의 법 모음집에서 발견된다.

성경의 법규들과 고대 근동의 법 조항들과의 차이를 나타내는 것이 함무라비 법전 비석의 법 조항들 위에 위치한 약 65cm 높이의 그림에서 발견된다.

함무라비 기원전 1792-1750년 법전
비석의 상단부: 태양신 샤마쉬가
왕에게 통치권의 상징물을
수여하고 있다.

두 인물이 그림을 장악한다. 왼편에 서 있는 남자가 오른손을 들어 올려 경의를 표한다. 오른편에는 남자로 보이는 인물이 바빌론 신전 정면 모습과 닮은 왕좌에 앉아 있다. 왕좌에 앉은 인물의 두 발은 세 줄의 비늘 모양 받침대 위에 놓여있다. 단순한 뿔 모양의 왕관이 이 인물의 강력한 신성을 두드러지게 한다. 어깨에는 빛이 올라가고 그것이 이 인물이 태양신 샤마쉬임을 나타낸다. 법질서, 계약, 맹세를 지키도록 감시하는 것이 그의 특별한 임무다. 그가 땅 위를 이동할 때 아무것도 그를 피해 숨을 수 없기 때문이다. 진실은 밝혀지기 마련이라는 관용어도 "태양이 그것을 밝힌다"라는 말에서 유래한다. 사발 모양의 두건을 보고 알 수 있는 왼편의 왕은 샤마쉬 앞에 서 있다. 그가 함무라비라는 것은 의심의 여지가 없다. 그렇지만 샤마쉬는 법전이 아니라 권력과 통치의 표징인 고리와 봉을 그에게 준다. 이 부조는 그 아래 뒤따르는 법 조항들과 연결하여 왕을 입법자의 신성한 대리인으로 나타낸다. 따라서 왕이 공포한 법질서를 어기는 행위는 그 권한을 부여하는 신을 부정하는 것이다. 고대 근동의 신들은 법의 수호자였지만 입법자는 아니었다.

고대 근동에서 법과 정의를 지키는 것은 왕의 통치권에 속한다. 따라서 입법은 왕의 가장 중요한 업무다. 함무라비는 그가 서언에서 말하듯이 법 조항을 비석에 새기도록 하고 그것을 통해 공포함으로써 "나라의 법과 정의"가 지켜지도록 한다. 고대 근동에서 입법은 왕의 특권이다. 이 때문에 입법과 왕의 통치는 서로 긴밀하게 연결된다. 물론 법은 왕을 통해 간접적으로 종교적 기반을 갖는다. 그 왕위가 신성한 기원이나 본질을 갖지 않더라도 신의 은총으로 인한 것이었기 때문이다.

구약성경에서는 데칼로그와 율법의 전달을 얼마나 다

르게 서술하는가! 구약성경은 모세를 왕과 같은 모습으로 묘사한다. 예컨대 그는 유일하게 하나님께 다가갈 수 있고, 백성의 대표자이며 하나님 뜻의 전달자이고 군사령관이면서 그 외에도 다양한 역할을 한다. 하지만 그는 결코 입법자가 아니다. 함무라비 왕과는 다르게 모세는 하나님으로부터 통치권의 상징물이 아니라 열 가지 말씀이 있는 돌판을 받는다. 그 말씀들은 모세에게 시켜 돌판에 새긴 것이 아니라 하나님이 직접 자신의 손으로 돌판에 새기신 것이다. 모세가 데칼로그를 받은 후에 율법으로 기록한 것들은 계약법전이나 다른 것들과 마찬가지로 그가 하나님께 들어 알고 있던 것들이다. 율법 자체는 그 저자가 하나님이라는 것을 드러내지 않고 데칼로그조차도 첫 부분만을 하나님의 말씀으로 나타내지만, 이야기의 큰 흐름에서 그것들 모두는 항상 하나님의 계시로 표현된다. 구약성경에서는 하나님께서 친히 규례와 법의 권위를 세우신다.

물론 언제나 그러한 것은 아니었다. 구약성경에서 가장 오래된 법률 모음집인 계약법전에서 주제별로 정리되어 길게 연속적으로 나열된 법 조항들이 발견되는데, 이것은 하나님의 권위와 전혀 상관이 없다. 모든 법이 하나님의 법이라는 양식을 갖게 되는 것은 급격한 신학화에 기인한다. 구약성경의 저자들은 기원전 8세기 이후 사회적 혼란에 법이 관례적으로 대처하지 못하자 신학화를 통해 이에 대응한다. 아모스, 호세아, 미가, 이사야 같은 예언자들은 공동체의 회복을 위한 처방을 제시하지 않은 채 이러한 혼란을 비난한다. 아마도 예루살렘 성전에 기반을 두었을 계약법전의 기록자가 종교적 삶의 영역과 자신의 제의 규정들을 일상적인 삶의 영역과 결합하고 이 둘을 하나님의 의지 아래에 놓는다. 단언적인 명령과 사례법은 이제 둘 다 하나님의 법으로 나타난다.

함무라비 법전의 서언과 데칼로그의 대조에서 그 차이가 더욱 분명하게 드러난다. 함무라비 법전은 마르둑을 인류의 사령관으로 높이면서 시작한다. 이러한 추대는 함무라비 왕을 통치자로 임명하는 것과 맞물린다. 왕의 소명은 "땅에서의 정의 확립, 악의 근절, 강자로부터 약자의 보호"의 위임과 결합된다. 따라서 왕의 임무는 입법과 법의 집행이다. 서언은 이러한 왕의 역할을 "사람들의 안녕을 돌보기 위해 태양신과 같이 떠올라 땅을 밝히는 것"으로 암시한다. 왕은 법을 세우면서 샤마쉬 신의 역할을 땅 위에서 떠맡는다. 그러므로 이어지는 법들은 모두 왕의 법들이고, 그는 이것을 "정의의 왕"으로 과시한다. 그러나 그 법들은 통치자의 의욕에서 기인한 것이 아니라 신의 위임에 근거하는 것이고, 따라서 손댈 수 없는 것이다.

데칼로그는 다음과 같이 전혀 다르게 시작한다. "나는 너를 애굽 땅, 종 되었던 집에서 인도하여 낸 네 하나님 여호와니라"출 20:2. 하나님은 두드러진 한 개인에게가 아니라 백성에게 자신을 알린 방식으로 스스로 소개하신다. 노예 상태에서 해방하는 것으로 하나님은 오직 이 백성에게만 신뢰를 주셨다. 그래서 그들은 하나님의 백성이 되었고 하나님은 그들의 신이 되셨다. 노예의 집에서 벗어나는 자유에 대한 근원적 경험, 그리고 그와 연결되는 신뢰는 모든 "너는 … 해야 한다"와 "너는 … 하지 말라"보다 앞서 있다. 데칼로그에 집약되어 있는 것이 시나이산에서의 모든 입법에 적용되며 출애굽 이후에야 비로소 의도적으로 이야기된다. 신의 역할을 하는 왕의 추대가 아니라, 백성이 하나님 뜻 아래에서 성숙한 주체로서 자유롭게 되는 것이 이스라엘에서의 규례와 법의 출발점이 된다. 그렇기 때문에 이 서문의 빛 안에서 열 가지 말씀의 기능이 은연중에 바뀐다. 서문이 없는 개별 말씀들과는 달리 이 말씀은 극한 상황을 막는 것이 아니라 공동체와 세계를 형성하여 자유를 보존하는 것에 기능이 맞춰진다. 그러나 자신의 자유는 타인의 자유에 대한 존중 없이는 지켜질 수 없다. 대대적인 법의 신학화가 계약법전에서, 보다 넓게는 신명기에서 행해지는데, 이러한 것이 데칼로그에서 집중적으로 발견된다. 데칼로그는 계약법전뿐만 아니라 기원전 8세기 예언의 메시지도 전제한다.

두 돌판 위의
열 가지 말씀

3

셈 방식과 구성

가톨릭이나 루터교 전통에 서 있는 사람이 예컨대 제네바 또는 옥스퍼드 교리문답에서 십계명을 읽는다면, 그는 그 본문의 상이함보다는 완전히 다른 순서를 궁금히 여길 것이다. 그가 둘째 계명으로 알고 있는 것이 거기서는 셋째 계명으로 열거된다. 또 우상숭배를 금지하는 십계명의 둘째 계명을 그가 가진 루터교 교리문답에서는 찾지 못할 것이다. 계명들의 서로 다른 순서의 근거는 성경 본문의 전승에 있다.

"열 가지 말씀"으로서의 지칭과 두 돌판이라는 모티프가 신명기 4장 13절에 나온다.

여호와께서 그 언약을 너희에게 반포하시고 너희로 지키라 명하셨으니 곧 십계명이며 두 돌판에 친히 쓰신 것이라.

이 일은 신명기 10장 1-5절에서 돌판을 새로 만들 때 되풀이된다. 신명기에 나오는 10이라는 수와 돌 모티프는 시나이산 이야기 출 34:1, 28에 실려 있다. 그렇지만 항목을 열 개로 분류하여 나열하는 것이 이 명칭과 모티프보다 더 오래되었다는 것은 의심의 여지가 없다. 열 개 항목의 나열은 두 손의 열 손가락으로 쉽게 되풀이할 수 있고 이를 통해 기억할 수 있다. 두 돌판 위의 열 가지 말씀은 모든 사람의 몸에 새겨진다. 따라서 10이라는 수는 시나이산 이야기와 모세의 고별연설에 대한 기억 없이도 완전하게 설명된다.

10이라는 수와 돌판 모티프의 결합은 하나의 질서에 관한 생각을 떠올리게 한다. 두 손의 열 손가락이라는 것으로부터 5+5의 배열이 예견된다. 그러나 데칼로그의 항목들을 그에 맞춰 배열하려고 한다면 곧바로 당황하게 된다. 연결되지 않은 금지 명령과 긍정 명령을 전부 세어보면, 출애굽기 20장이나 신명기 5장에서 "열 가지 말씀"이 아니라 열세 가지 말씀이 발견되기 때문이다. 여기에 유대교에서 여전히 "계명"*miṣwah*으로 이해하고 있는, 하나님의 자기소개를 더하면 열 가지 말씀이 아니라 열네 가지 말씀이 된다. 그러나 성경 본문에는 이 열네 문장들이 정확히 열 가지 말씀으로 나뉘어 있지 않고, 열 가지 말씀이 두 돌판에 배치되어 있지도 않다. 데칼로그 계명들의 셈과 분할이 유대교 전통과 여러 그리스도교 전통에서 매우 다르게 되었다는 것은 놀라운 일이 아니다. 실제로 매우 다양한 방식으로 열까지 셀 수 있다.

수많은 변형들은 세 가지 기본 유형으로 단순화하여 제시할 수 있다. 앞에 있는 이방신 금지와 우상 금지를 하나로 합치거나ₐ 서언인 하나님의 자기소개를 셈에서 제외하거나ᵦ 우상 금지를 이방신 금지에 이미 포함된 것으로 놓고 생략함으로써ᵪ 애초에 수를 줄이는 방식이다. 변형들에 따라 뒤에 있는 탐심 금지들이 하나로 합쳐지거나 둘로 나누어진다.

열까지 셈하는 다양한 방식들

(1) 이미 마소라 성경 본문에서 특정한 셈과 배열이 시작

되었다. 처음에 히브리어 성경 본문은 모음이 없는 자음 본문으로 전승되었다. 페르시아 시대에 아람어가 많은 나라들에서 공통어로 등장하고 히브리어를 일상에서 점점 더 밀어내자, 히브리어는 갈수록 성서 문서들과 그것을 읽는 것에 국한되었다. 히브리어 성경 본문의 왜곡을 막기 위해서 "토라를 둘러싸는 울타리"가 필요하게 되었다. 그러자 **마소라**라고 불리는 유대 학자들은 기원후 750년과 1000년 사이의 긴 과정을 통해 정서법, 발음, 낭독을 염두에 두고 성경 본문을 확정했다. 이러한 목적을 위해 그들은 자음 본문에 모음 표기와 아울러 강세를 덧붙였고, 옛 서기관 전통에서 유래하는 의미 단위를 구분하는 표식을 고정시켰다. 물론 이 모든 것과 함께 그들은 본문 안에 해석을 기입했는데 이는 점차 권위 있는 규준이 되었다.

데칼로그와 관련한 두 본문을 마소라 학자들은 특별한 방식으로 다루는데, 그들은 두 본문 모두에서 데칼로그에 이중적인 강세 체계를 적용하였다. 그 가운데 하나는 나중에 라틴어역 불가타 이래로 장·절의 숫자 표기로 받아들여졌고, 그와 다르게 다른 하나는 보다 큰 의미 단위들을 표시한다. 이것은 하나님의 자기소개, 이방신 금지, 우상 금지, 곧 출애굽기 20장 2-6절을 하나의 단위로 묶는다. 여기에

공백을 두어 의미 단위들을 분리하는 서기관 전통의 관행이 더해진다. 중세 후기부터는 큰 단락이 파라샤 페투하_paraschah pᵉtuchah 열린 문단_를 나타내는 문자 페_pe_로 표기되고, 그보다 작은 단위들이 파라샤 세투마_parashah sᵉtumah 닫힌 문단_를 나타내는 사메크_samech_로 표기된다. 이러한 방식을 통하여 데칼로그는 출애굽기에서 아홉 개의 단위로 분류되고 신명기에서 열 개의 단위로 분류된다. 그렇지만 이 단위들이 단순하게 개별 계명들과 일치하는 것은 아니다. 모든 유대교 전통에서는 서언과 우상 금지와 결합된 이방신 금지가 하나의 단위를 형성하는데도 불구하고 철저하게 두 개의 계명으로 여겨진다. 아마도 마소라 학자들은 바빌로니아 탈무드_5세기에 완결_의 소책자『막코트』_Makkot_ 24a에 아래와 같이 기록되어 있는 의견을 따랐을 것이다.

"나는 … 이다"_서언의 처음_와 "너는 … 하지 말라"_이방신 금지의 처음_를 그들_이스라엘 백성들_은 권능_하나님_의 입으로부터 들었다.

맨 앞 글자를 따서 라시_Raschi_라고 불리는 위대한 유대교 성서 주석가이자 탈무드 학자인 랍비 살로몬 벤 이삭_1040-1105년_은 이것을 다음과 같이 해석한다.

하나님은 하나문장를 말씀하셨지만 그것은 둘계명들이다.

요세푸스약 37-100년는 자신의 『유대 고대사』Antiquitates III 5, 4-5에서 유대교 전통도 마찬가지로 이스라엘 백성이 시나이산에서 온전히 하나님의 입으로부터 데칼로그를 들었다고 전제한다. 반면에 탈무드는 그것을 제한한다. 즉 하나님이 시나이산에서 "이 모든 말씀들"출 20:1을 하셨지만, 이스라엘 백성이 이 두 계명만 알아들었다는 것이다. 모세만이 데칼로그의 모든 계명을 듣고 증언할 수 있는 사람이었고, 신명기 5장에서 그것을 기억하여 전달했다는 것이다. 이러한 차이는 출애굽기 20장과 신명기 5장의 데칼로그 본문에서 이 두 계명만이 하나님의 말씀으로 묘사되고 세 글자항상 "그리고"를 뜻하는 waw를 제외하고는 동일하다는 것을 전제한다. 하나님 말씀첫 의미 단위의 두 계명에서과 모세 말의 이 같은 구분을 통해 두 데칼로그 본문의 실질적인 의미 동일성을 놓치지 않고, 두 본문 사이 표현상의 불일치에 대한 설명을 시도할 수 있다.

신명기의 데칼로그 본문은 출애굽기 20장의 본문보다 한 단위를 더 가지고 있는데, 이는 마소라 학자들이 탐심의 이중 금지를 — 신명기 5장에서의 서로 다른 동사들 때문에 — 두 단위로 나누기 때문이다. 따라서 마소라 분류에 따르면 출애굽기 20장은 열 개의 계명을 포함하는 반면에 신명기 5장에는 명백하게 열한 개의 계명이 있다. 전승으로부터 주어진 숫자 10은 그것이 출애굽 본문에서는 계명과, 신명기 본문에서는 마소라 분류 체계의 의미 단위와 연관될 때만 마소라 학자들과 그들의 뒤를 잇는 유대의 주석가들에 의해 지켜질 수 있다. 또한 여기에서 “열 가지 말씀”의 성경적 표현 방식이 입증된다.

마소라식의 매우 명확한 단락 구분 표시파라샤로부터 — 출애굽기의 데칼로그 본문만 관련되지만 — 두 돌판 위의 배치도 추론할 수 있다. 출애굽기 20장 2-17절은 7절 다음의 열린 단락을 통해 두 부분으로 분류된다. 첫 부분은 1-3계명을, 둘째 부분은 4-10계명을 포함한다. 이러한 배치를 이끌어 내는 핵심은 하나님1-3계명과 이웃4-10계명의 구분이었을 것이다. 안식일 계명마소라 배열에 따르면 네 번째 계명은 하나님이 아니라 사람과 관련된다. 물론 유대교에서는 이러한 배치가 중요하게 다루어지지 않는다.

따라서 마소라 학자들의 해석을 따르면 데칼로그 히브리어 본문은 셈이나 두 돌판에의 배치를 명확히 나타내지 않는다. 그 본문은 오히려 셈과 배치에 있어서 다양한 가능성을 열어 놓는다.

(2) 랍비 유대교 및 현대 유대고에서의 셈 방식과 배치
는 회당을 방문할 때 그야말로 뚜렷해진다. 토라 두루마리
를 보관하는 궤의 문이나 가끔은 그 궤 위에, 또는 토라 두
루마리를 장식하는 방패 위에 두 돌판의 형태로 묘사된 데
칼로그가 자주 발견된다. 이런 방식으로 열 가지 말씀은
토라 전체를 대표한다. 두 돌판 위쪽에는 호화롭게 장식된
왕관이 있는데, 이는 토라가 창조의 왕관으로 여겨지기 때
문이다. 왼쪽 돌판에는 1-5까지의 계명이, 오른편 돌판에
는 6-10까지의 계명이 간략한 히브리어 형식으로 새겨져
있다 3p의 두 돌판 사진을 보라.

계명의 5+5 배치는 이미 바울과 동시대 사람인 알렉산
드리아의 필로가 쓴 『데칼로그에 관하여』*Über den Dekalog*
§50에서 발견된다. 각각의 배치는 — 마소라 배치에서 보
이듯이 — 주제에 따른 분류를 나타낸다. 1-5계명을 담
은 첫 돌판은 사람과 하나님 사이의 관계를 간추리고,
6-10계명의 두 번째 돌판은 이웃과의 관계를 정리한다.
이것은 계명들의 이해에서 중요한 의미를 갖는다. 물론 이
를 위해서는 유대의 특별한 셈 방식이 고려되어야 한다.

랍비, 탈무드, 마소라의 강세 체계, 그리고 오늘날의 유

대교는 출애굽의 기억과 함께 하나님의 자기소개를 항상 첫째 말씀으로 셈한다. 그리고 이방신 금지와 우상 금지가 보완적으로 이해되기 때문에 — 하나의 신을 섬기는 것에 따른 다른 신 숭배 금지 — 이 둘을 둘째 계명으로 묶는다. 그러고 나서 숫자 10을 유지하기 위해서 신명기 본문에서 서로 다른 동사임에도 불구하고 탐심 금지를 열 번째 계명으로 센다. 따라서 유대의 주석은 5+5 배치를 통하여 부모를 공경하라는 다섯째계명을 하나님과의 관계에 해당하는 첫 돌판에 놓는다. 곧 부모를 공경하는 자는 하나님을 공경한다. 부모가 하나님 쪽에 있다. 그들이 아이들을 낳고 기르며 하나님의 창조 작업을 계속 이어가기 때문이다. 부모와 자녀들에 관하여 이보다 더 높게 생각하기는 어렵다.

(3) 많은 로마 가톨릭교회와 루터교회의 예술 작품이 보여주듯이 두 종교는 이 문제를 다르게 다룬다. 모세가 손에 들고 있는 "율법의 돌판"은 모세를 묘사하는 미술 작품에 자주 등장하는 레퍼토리다. 가톨릭과 루터교 전통에서는 십계명 대신에 숫자를 써넣는데, 첫 돌판에 I-III이, 둘째 돌판에 IV-X이 있다. 3+7로 배치한 이 두 돌판은 모세의 형상 없이도 제단 위의 순수한 상징으로 많이 사용되었다.

3+7로 배치한 두 돌판은 제단 및 설교단의 장식으로 사용되었고, 하나님과 이웃에 대한 이중 사랑의 상징으로 해석되었다.

개신교 교회에서는 설교단을 두 돌판의 상징으로 장식하는 것을 선호한다. 설교가 하나님의 뜻으로의 율법이 전해지고, 현재 삶의 관점에서 해석되는 예배의 자리이기 때문이다. 데칼로그 해석에서 매우 중요한 3+7 배치와 관련하여 북아프리카의 주교 아우구스티누스354-430년의 신학적 발견은 획기적이었다. 그는 최초로 삼위일체의 하나님과 이웃에 대한 이중 사랑막 12:29-31을 데칼로그의 두 돌판과 연결했다. 삼위일체로서의 신에 대한 이해에 맞게 그는 1-3계명을 첫 돌판에, 4-10계명을 둘째 돌판에 귀속시켰다. 동시에 하나님의 자기소개가 있는 서언은 데칼로그에 포함하지 않았다.

아우구스티노 수도원 수도사였던 비텐베르크 대학 성

서학 교수 마르틴 루터1483-1546년도 이 전통에 서 있었다. 그러나 그는 서언과 우상 금지를 생략한다. 서언은 금지 명령도 아니고 긍정 명령도 아니며 무엇보다 출애굽을 통해 전적으로 이스라엘과 관련되기 때문이다. 또 루터에게 우상 금지는 이미 이방신 금지에 포함된다. 우상에 대한 제의를 다른 신들을 위한 예배의 이면으로 이해하기 때문이다. 그밖에 그는 본문을 간추려 읽기 쉽도록 바꾸는 데 영향을 미쳤다.

아울러 두 돌판의 배치와 셈에서뿐만 아니라 탐심 금지를 제9계명과 제10계명으로 분류하는 것에서도 가톨릭과 루터교는 아우구스티누스를 따르고 있다. 예수는 계명에 대한 부자 청년의 질문에 둘째 돌판을 언급하며 부모 공경의 계명으로 대답을 마침으로써, 마태복음 19장 18-19절이 3+7 배치와 둘째 돌판과 이웃 사랑레 19:18의 결합을 앞서 보여주었다.

(4) 헬레니즘 유대교, 동방 가톨릭교회, ― 그 뒤를 잇는 ― 그리스 정교회, 개혁교회와 영국 국교회는 출애굽의 기억과 함께하는 하나님의 자기소개를 서언으로 여겨 계명의 셈에서 제외하거나, 그것을 이방신 금지와 함께 첫 계명에 결합시킨다. 또 우상 금지를 둘째 계명으로 셈하고

열째 계명에 합쳐진 탐심 금지들로 셈을 마친다. 셋째 계명부터는 유대 전승에 따라 셈한다.

프라하의 신부이자 1409년 대학교 총장이었던 얀 후스는 우상 금지를 들어 성상 숭배를 논박했다. 보헤미안 형제단이 그를 따랐는데, 그들은 스위스까지 퍼진 그들의 교리문답에 우상 금지를 상세히 인용하고 십자가상과 성체 현시대에 절하는 교회의 관례에 반대했다. 1523년 9월 이른바 "성상파괴운동"에서 취리히 시민들이 형상들을 교회 밖으로 끌어낼 때 교회와 공동체의 논쟁은 우상 금지에 맞춰진다. 우선 울리히 츠빙글리 1484-1531년와 그의 동료들은 여태까지 교리문답에서 고려되지 않았던 우상 금지 본문을 아우구스티누스의 셈 방식에서 어떠한 것도 바꾸지 않은 채 대중들에게 알려지도록 한다. 그렇지만 1534년 츠빙글리가 제안한 우상 금지를 둘째 계명에 놓는 독자적인 방식이 받아들여진다. 그리고 마침내 젊은 프랑스인 장 칼뱅 1509-1564년이 1539년 슈트라스부르크에서 『기독교강요』*Institutio christianae religionis*라는 제목의 3권의 책으로 출판한, 사유의 명확성이 두드러진 그의 교의학 라틴어 개정판에서 그 근거들을 보충한다. 여기서 그는 부처에 반대하여 서언의 독자성과 루터에 반대하여 우상 금지의 배제를 거부하고 4+6 배열로 명백하게 오리게네스의 방식을 따른다. 개혁적인 데칼로그 셈 방식의 모범으로 그는 처음으로 요세푸스를 언급한다. 이러한 셈 방식과 배열은 1563년의 하이델베르크 교리문답을 통해 널리 확산되었다. 그것은 '십계명이 어떻게 나누어지는가?'라는 물음에 대답한다. "두 돌판 중 첫째 판은 네 계명으로 우리가 하나님에게 어떻게 해야 하는지를 가르치고, 둘째 판은 여섯 계명으로 우리가 이웃에게 무엇을 해야 하는지를 가르친다"질문 93.

영국은 1534년 의회의 의결을 통해 교회와 관련하여 로마와 단절하고 헨리 8세를 "영국 교회의 수장"으로 선포했다. 그러나 영국은 오랫동안 대륙의 개혁주의로부터 영향을 받아왔다. 헨리 8세가 자신의 두 번째 부인의 사형 집행 후에 멜란히톤과 접촉을 시도하자 그가 루터의 개혁주의와 연결될 것으로 예상되었다. 그러나 로마뿐만 아니라 비텐베르크의 개혁주의자들도 헨리 8세의 결혼에 대한 입장에 공감하지 않았기 때문에 그는 방향을 바꾸었다. 영국의 교회는 이미 1537년에 십계명의 개혁주의 셈 방식을 왕이 직접 편집한 이른바 "주교서"에 인용했는데, 이는 칼뱅의 『기독교강요』덕분일 것이다. 당시 편찬위원회의 위원장인 시장 토마스 크롬웰에게 1536년의 『기독교강요』

초판이 익숙하지 않았기 때문에 그의 개인 비서가 영어로 번역했을 것이다. 결국 이러한 방법으로 개혁주의 십계명 셈 방식이『공동기도서』*Book of Common Prayer*에 들어왔을 뿐만 아니라 예배에 앞서 십계명을 낭독하는 개혁주의의 관례가 성공회 미사에 도입되었다.

(5) 주요 교파에서의 셈 방식의 차이

유대교 5+5	가톨릭, 루터교 3+7	정교회, 개혁 교회, 성공회 4+6
1. 야훼의 주권	1. 다른 신들	1. 하나님의 주권 +
2. 다른 신들 +	2. 하나님의 이름	다른 신들
우상들	3. 절기	2. 우상들
3. 야훼의 이름		3. 하나님의 이름
4. 안식일	4. 부모	4. 안식일
5. 부모	5. 살인	
	6. 간통	5. 부모
6. 살인	7. 도둑질	6. 살인
7. 간통	8. 거짓 증언	7. 간통
8. 도둑질	9. 탐심(여자)	8. 도둑질
9. 거짓 증언	10. 탐심(재산)	9. 거짓 증언
10. 탐심		10. 탐심

출애굽기 20장:
하나님 그리고 이웃과의 관계를 통한 자유의 보전

출애굽기 20장과 신명기 5장의 두 데칼로그 본문은 매우 유사하게 구성된 듯이 보인다. 첫 부분하나님의 자기소개와 이 방신 금지부터 안식일까지은 **신**에 대한 문제를 다루고, 둘째 부분부모 공경부터 탐심 금지까지은 **이웃**을 중심에 놓는다. 이로부터 셋째 부분도 고려해 볼 수 있을 것이다. 절도, 거짓 증거, 탐심이 사람과 물건 모두에 적용될 수 있기 때문이다. 물론 이러한 분류는 내용을 엄밀하게 따진 것이 아니고, 본문의 다른 단서들도 고려하지 않은 것이다. 그러나 그러한 작은 특성들에 주목한다면 이 두 본문이 뚜렷하게 구별된다.

출애굽기 20장에서 우선 먼저 2-6절이 넓게 펼쳐진 도입부로서 구절들의 마지막까지 하나님께서 직접 말씀하시는 형식으로 표현되는 점이 두드러진다. "나는 여호와, 너의 하나님이다 … 나를 사랑하고 나의 계명을 지키는 자들에게는 천 대까지 은혜를 베풀 것이다." 그에 반해 신명기 5장 10절은 3인칭으로 끝나면서 다음 단락으로 넘어간다. "… 그리고 그의 계명을 지키는". 5절의 은혜의 표현 "나는, 여호와, 너의 하나님"이 2절의 자기소개 "나는 여호와, 너의 하나님이다"와 연결되면서 도입부 전체를 결합한다. 노예의 집 이집트로부터 이스라엘을 이끌어 내신 하나님의 자애와 질투가 이방신 금지와 우상 금지의 틀을 형성한다. "데리고 나오다"는 "노예의 집"과 결합하여 뚜렷하게 해방을 강조한다. 따라서 그 시작에 하나님의 행위가 있다.

두 번째 부분에서는 7절부터 하나님의 말씀 형식이 중단된다. 이러한 변화는 하나의 차이를 나타내 보인다. 7-17절부터는 2-6절에서 주제로 삼았던 독점적 관계가 구체적으로 펼쳐진다. 이는 하나님에 관한 7-11절과 이웃에 관한 12-17절, 두 방향으로 전개된다.

데칼로그는 하나님의 "**나**"로 시작하여 "… **너의 이웃**"으로 끝난다. 이 첫 낱말과 마지막 낱말은 사람이 그 안에서 자신의 삶을 잘 살아 내거나 그르치는 지평을 묘사한다. 여기서 본문이 가리키는 것은 명확하다. 곧 하나님의 인도로 자유를 얻지만 계명을 지키지 않으면 자유를 잃게 된다. 하나님 **그리고** 이웃에 대한 관계에서만 하나님이 노예의 집에서 데리고 나오심으로 얻게 된 자유가 형태를 갖춘다. 자유는 구체적인 모습을 가질 때만 유지될 수 있다.

065

신명기 5장:
안식일, 매주 휴일에 담긴 해방의 기념

신명기 본문이 가장 분명하게 구별되는 점은 안식일 계명의 근거에 있다. 신명기 5장 15절은 이집트 노예 상태로부터의 인도하심을 기억하고 그것으로 안식일에 모든 일을 멈추고 쉬어야 하는 근거를 제시한다. "네가 **이집트 땅**에서 노예로 있었지만 **야훼, 너의 하나님**이 너희를 그곳에서 **데리고 나오신** 것을 기억하라." 이 근거 제시에는 서언인 6절의 핵심어들을 정확하게 역순으로 취한다. "나는 **야훼, 너의 하나님**이다. 나는 너희를 **노예의 집, 이집트 땅**에서 **데리고 나왔다**." 더욱이 서언의 "노예의 집**에서**"가 "그곳**에서**"로 표현되어 안식일의 근거로 수용된다. 신명기에서는 하나님이 이집트에서 해방하신 것을 속량의 개념과 연관시키고 있다는 점을 생각해 보면5:15 등 이미 서언에서 사용된 동사 "데리고 나오다"의 사용은 우연이라고 보기 어렵다. 5장 15절에 있는 안식일 계명의 근거는 데칼로그의 시작을 의도적으로 연상시키는 것이 분명하다.

출애굽기 20장 10절과 비교해 보면 신명기 5장 14절은 안식일의 일 금지를 일하는 데 필수적인 짐을 나르는 가축에게까지 확대한다. 핵심어 "소와 나귀"가 5장 21절의 데 칼로그의 마지막과 연결된다. 데칼로그의 시작과 끝을 나 타내는 것들이 신명기 5장의 안식일 계명에만 나오고 출 애굽기 20장 8-11절에는 나타나지 않는다. 그러나 신명기 5장의 데칼로그가 안식일 계명을 매우 의도적으로 중심 계명으로 나타내고 있다는 점을 염두에 두어야 한다.

몇 가지 차이에도 불구하고 신명기 5장은 완전한 구조 의 또 다른 데칼로그를 제시한다. 출애굽기 20장은 첫머 리를 강조하는 선형 구성을 나타내는 데 반하여 신명기 5장은 안식일 계명을 중심으로 가운데로 집중하는 구성 을 보여준다. 2개의 짧은 계명 하나님 이름의 악용과 부모 공경 이 하나의 안쪽 틀을 형성하고, 두 개의 주요 단락 즉 5장 6-10절의 하나님 관련 부분과 5장 17-21절의 이웃 관련 부분이 바깥쪽 틀을 형성한다. 매주 휴일 해방에 대한 기 념이 안식일 계명과 이집트 노예로부터의 해방에 대한 기 억과 함께 신명기 5장의 열 가지 말씀 한가운데 자리하고 있다.

시나이에서의
하나님 말씀으로부터
모세의 고별연설로

4

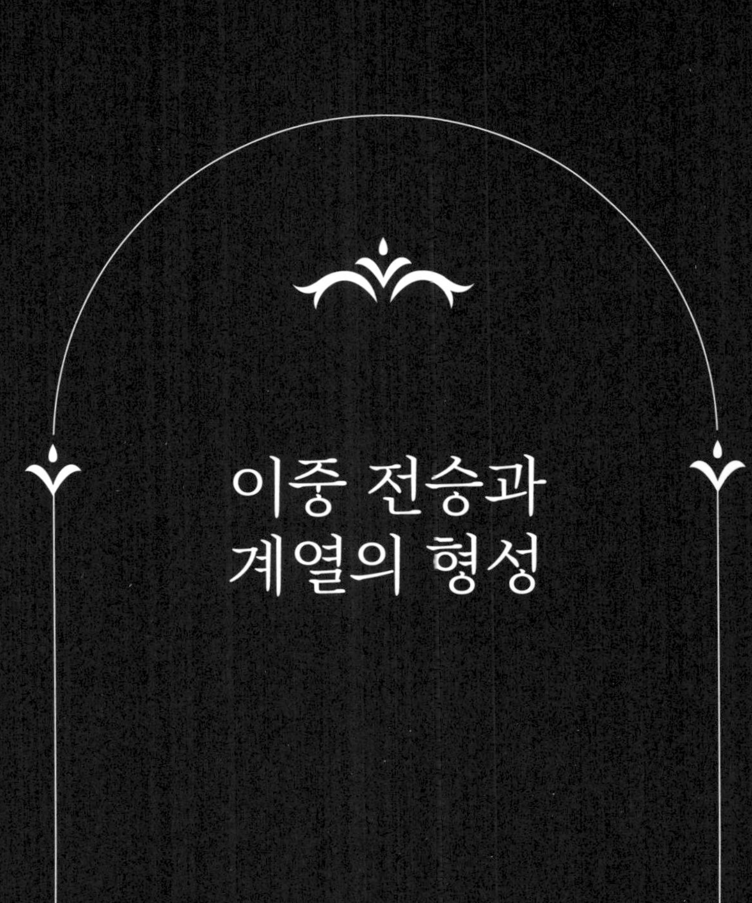

이중 전승과 계열의 형성

두 본문과 그 본문들의 관계

두 본문을 "대조표"에 나란히 놓는다면 그 차이가 바로 드러날 것이다 부록을 보라. "구약 시대"에는 분명히 데칼로그가 하나의 통일적인 본문이 아니라 두 개의 본문으로 있었다. 놀라운 점은 두 본문 사이에 20개의 불일치가 있다는 것이 아니라 두 본문을 일치시키지 않고 정경 안으로 받아들였다는 것이다. 이중 전승을 고려한다면 그 차이점들에 대한 설명이 요구된다. 학계에서는 생각할 수 있는 모든 가능한 변형들이 검토되었다. 그것들을 최대한 단순화하면 2개의 기본모델로 환원할 수 있다.

모델 A: 이 모델은 두 본문이 원형이 되는 하나의 데칼로그 본문으로 거슬러 올라간다고 가정한다. 이 가정은 두 본문이 대부분 공통적인 내용을 담고 있음을 설명해 준다. 그러나 공통의 내용이 본질적으로 서로 독립적인 두 본문에서 상이하게 펼쳐져 있다. 이것이 두 본문 사이의 차이를 설명한다. 데칼로그 원형 본문의 재구성은 "순수한 형태"를 가졌을 것이라는 검증되지 않은 전제 아래에서 행해진다. 원형 본문은 원래 금지 명령들로만 구성되었고, 그 수는 정확히 열 가지였으며, 모두 하나님의 말씀으로 표현되었다. 또 모두 동일한 유형을 가졌고, 명령의 근거나 부연을 포함하지 않았다. 이와 같이 고른 상태의 본문이 점차 변형과 첨가를 통해 새로운 관심에 맞춰졌다는 것이다. 이에 대한 결정적인 반론은 이 모델의 옹호자들만큼이나 너무 많은 재구성들이 있다는 점이다. 이러한 이유로 이전에 선호되었던 이 모델에 대한 논의는 거의 전무하게 되었다. 그렇지만 이러한 시도는 부분적으로 올바른 관찰에 근거한다. 본문의 정황이 그와 같은 것을 암시한다면 데칼로그 본문의 변화 과정이 전체적으로 그려질 것이다.

모델 B는 두 본문의 문학적 의존성에 주의를 기울인다. 데칼로그가 — 적어도 신명기 전통 안에서 생긴 것이 아니었다 하더라도 — 나중에 출애굽기 20장에 추가되기 전에 먼저 신명기 5장에 삽입되었다는 것이다. 또는 본디 데칼로그의 자리는 출애굽기 20장이었고 신명기가 모세의 고별연설로 편집되기 전에 신명기에 추가적으로 삽입되었다고 가정한다. 신명기 5장이 — 출애굽기 20장 4, 17절의 두 "그리고"를 제외하면 — 더 긴 본문을 제공한다는 사실은 신명기 5장이 첫 본문이라는 주장에 대한 반박의 근거가 된다. 무엇보다도 신명기 5장의 다른 점들은 거의 모든 경우 출애굽기 20장의 첫 본문을 의도적으로 바꾼 것으로 증명된다. 반면에 우상 금지와 안식일 계명의 근거에서는 신명기 5장의 본문이 더 앞에 놓인다. 출애굽기 20장에서는 안식일의 근거가 제사장 전통의 창조 본문에 있는 일곱째 날 창 2:2-3로 거슬러 올라가기 때문이다. 확실히 데칼로그의 형성 과정은 더 복잡했다.

데칼로그 형성을 요구한 것은 무엇이었는가? 데칼로그를 계약법전에 있는 그의 대응물들과 비교하면 데칼로그가 계약법전을 대부분 알고 있었다는 것을 보여준다. 데칼로그는 계약법전 앞에 위치하면서 뒤따르는 것들의 총괄처럼 역할을 한다. 거기에 모은 법규들과 달리 십계명은 보다 원칙적이고 보편적으로 표현된다. 이것이 십계명을 단지 특정한 상황에만 관련되지 않도록 한다. 단언적 명령인 "너는 … 해야 한다 하지 말아야 한다"는 모든 조건과 단서에서 십계명을 떼어 놓는다. 그러나 십계명은 구체화가 필요하다. 그러므로 십계명과 계약법전의 관계는 원칙과 그것에 대한 해석의 관계와 같다. 계약법전의 법규들 안에 예시적으로 모여 있는 구체적인 삶의 상황들과 십계명 사이의 차이는 윤리적 판단의 형성이 불가피하다는 것을 보여준다.

데칼로그의 간략한 형성사

오랫동안 모세는 입법자로 여겨졌다. 19세기 역사 비평의 열기로 먼저 모세의 권위가 떨어졌고 마지막으로 제사장 문서의 권위가 상실되었다. 다만 십계명과 모세의 결합은 많은 사람들에게 여전히 그 근거가 필요하지 않은 역사적으로 자명한 것에 속했다. 입법자로서 모세에 관해 남아있는 것이 더는 없었다. 그러나 모세라는 인물이 역사적 연구 때문에 신화의 어둠 속으로 멀리 사라지고 나자 '십계명이 모세로부터 왔는가?'라는 물음 역시 중단되었다.

십계명에는 나라가 전혀 등장하지 않는다는 점이 눈에 띈다. 예전에는 이러한 국가 언급의 부재가, 십계명이 국가 성립 이전에 기원했다는 증거로 여겨졌다. 그에 반해 오늘날에는 그것이 오히려 국가 성립 이후 기원했다는 논증에 사용된다. 그러나 엄밀하게 보면 국가가 언급되지 않는다는 부인할 수 없는 사실은 어느 쪽에도 유용한 것이 아니다. 데칼로그는 하나님 앞에서 사람과 이웃에 대한 관계 "너의 이웃"로만 향하고 있기 때문이다. 따라서 나라가 등장하지 않는다는 것은 전혀 놀라운 일이 아니다. 그렇다면 우리가 데칼로그의 기원에 관해 어느 정도 근거를 가지고 말할 수 있는 것은 무엇인가?

(1) 출애굽기 20장에 있는 가장 오래된 데칼로그는 우상 금지도 안식일 계명도 포함하지 않았다. 데칼로그는 특별히 계약법전의 문맥을 위해서, 이미 상세하게 다듬어진 계약법전의 자료들로 구성되었고 "해석의 틀"로서 계약법전 맨 앞에 놓였다. 그렇기 때문에 데칼로그가 그 문맥보다 더 오래된 것일 수 없다. 그 문맥은 출애굽과 하나님의 산에서 이루어진 하나님의 뜻 선포가 결합됨으로써 계약법전에서 결정적으로 규정된다. 출애굽기 문맥에서 넓게 이야기되는 것이 데칼로그 자체 안에 집중되어 있다.

이미 데칼로그의 가장 오래된 형터에서 열 가지 말씀과 출애굽을 기억하는 서언의 결합이 특징적으로 나타난다. 이 결합이 언제 처음 이루어졌는지는 알 수 없다. 그러나 같은 것을 추구했을 예언서들이 그에 관하여 침묵하는 것이 눈에 띈다. 게다가 호세아서는 출애굽을 알고 있고11:1; 13:4-5, 심지어 12장 13절에서는 야훼가 한 예언자를 통해 이스라엘을 이집트로부터 데리고 나오셨다는 것을 언급하며 모세를 암시하고 있다. 다른 절에서는 하나님 뜻의 경시를 비난한다4:6; 8:1, 12. 그러나 호세아서는 이 둘을 연결하지 않는다. 대부분의 사람들이 기원전 7세기 후반 요시야 임금 때에 기록된 것으로 보는 신명기의 가장 오래된 핵심조차도 그 결합을 알려주지 않는다. 원신명기는 본디 "들으라, 이스라엘아"6:4, 6-9로 시작하고, 제의를 단일한 제의 장소로 제한하는 규정으로 나아간다12:13-14, 17-18, 21a. 신명기는 나중의 편집에서야 출애굽기로부터 알려진 틀을 갖춘다. 그 편집은 유다 왕국의 멸망을 반영한다. 따라서 기원전 587년 이후에 이루어졌다.

고대 근동의 관례를 고려하면, 계약법전에 모아진 법이 왕에 의해서가 아니라 모세의 중재를 통하여 하나님에 의해 선포되었다는 점이 주목을 끈다. 이 놀라운 방식은 왕국의 멸망과 국가 독립성의 상실을 통해 단순하고 명확한 설명을 이끌어 낸다. 그렇기 때문에 모든 것은 이미 출애굽기에 있는 출애굽과 하나님의 산에서 행해진 하나님의 뜻에 대한 보고의 결합이 그 시대에 비로소 시작되었음을 보여준다.

출애굽기 20장에 있는 데칼로그의 이와 같은 역사적 자리매김은 계속되는 고찰을 통해 보강된다. 로타르 페를리트는 하나님의 말씀으로 표현되는 서언과 이방신 금지로 이루어진 첫 부분 20:2-3, 5-6이 "명백하게 신명기 신학의 언어의 옷"을 입고 있다는 점을 보여주었다. 게다가 이방신 금지가 실제로 신명기 전통의 조상들이 전하는 "들으라, 이스라엘아" 신 6:4와 유사하다. 그렇지만 노예의 집인 이집트에서 이끌어 내심에 대한 서언의 표현 형식은, 그 기원이 변화하는 시대에 다양한 수정을 통해 신명기 전통의 조상들의 유산을 지키고자 한 자손들에 있음을 보여주고 있다. 그래서 그들은 "신명기사가들"이라고 불린다. 물론 그들은 그대로 되풀이하지 않았고 한목소리로 이야기하지도 않았다. 우리는 여러 내용적인 강조점들을 보고 그들을 어느 정도 식별할 수 있다.

이러한 점들로부터 다음과 같은 결론을 얻을 수 있다.

곧 출애굽기 20장에 있는 데칼로그의 가장 오래된 형태는 기원전 6세기 유다 왕국의 멸망 이후에서 기원한다. 그러므로 그 데칼로그는 공동체 사회의 부패에 대한 기원전 8세기 예언자들의 비판과 7세기 요시야 임금 시대의 신명기 첫 편집본을 전제로 하고 있다.

(2) 어떻게 출애굽기 20장의 데칼로그가 신명기 안에 들어왔는가? 계약법전의 근간은 본디 독자적인 법전이었는데, 이것이 예루살렘 궁전에서의 관리양성 교육 과정에 들어있던 것으로 여겨진다. 원신명기는 이 오래된 계약법전의 수정으로 생겨났다. 그 수정은 후기 왕정시대에 꼭 필요하게 되었는데, 이는 그 계약법전이 유일한 합법적 제의 장소로서 예루살렘으로의 제의 중앙화에 대한 중요성을 충분히 반영하지 못했기 때문이다. 신명기사가들의 자손들은 왕국과 나라의 멸망 이후 몇 차례의 시도로 모세를 화자로 하는 신명기의 틀을 만들었다. 따라서 개정된 신명기의 "새 판"에서 신명기 5장과 함께 데칼로그를 하나님 뜻의 정점에 놓은 것은 당연했다. 이를 위해 편집자들은 그들에게 이미 주어져 있는 출애굽 이야기와 하나님의 산 이야기의 결합을 기준으로 삼았다. 두 데칼로그 본문의 동일한 표현은 중재자 모세가 요단강 건너편 모압 평지에서

주었던 신명기에 있는 해석과 출애굽기에 있는 하나님의 산에서 주어진 하나님 뜻에 대한 본디의 전달이 사실상 일치한다는 것을 보증한다.

(3) 특히 율법과 하나님과의 계약 관계 확정에 관심을 둔 더 나중의 신명기사가 그룹들은 신명기 4장을 데칼로그와 그들의 신명기 서론으로 삼았다. 그들은 성경의 많은 저자들과 같이 무명으로 남지만 지혜와 교훈에 대한 그들의 관심을 통해 신명기에 뚜렷한 흔적을 남긴다. 학계에서는 신명기사가의 후손들의 흔적을 "율법주의에 따른"과 "계약신학에 따른" 편집으로 표시한다. 계약신학에 따른 편집은 신명기 4장에 하나님에 대한 모든 형상적 표현 금지를 덧붙인다. 그리고 4장 12, 15-20절에서는 하나님이 호렙 산에서 불길 가운데 말씀하셨지만 이스라엘은 어떠한 형상도 보지 못했다는 것으로부터 그 금지의 근거를 밝힌다. 이러한 편집은 4장을 우상 금지의 근거를 밝히는 중요한 이야기로 만든다. 데칼로그 자체에서도 이 금지 명령이 누락되어서는 안 되었다. 그렇게 우상 금지는 4장에서 5장으로 옮겨졌다. 이방신 금지와 우상 금지로 이루어진 이중 금지 마지막에서 연대책임을 "나를 미워하는 자"와 "나를 사랑하고 나의 명령을 지키는 자"로 제한하는 수

정도 이러한 편집 때문으로 보인다. 이러한 수정들과 함께 우상 금지는 마침내 출애굽기 20장에 이르게 된다.

(4) 페르시아 시대에 매주 일곱째 날 일의 금지와 "안식일"로 불리는 월삭절의 결합으로부터 매주의 "안식일"이 생겨났다. 안식일은 출애굽기 20장 8-10절의 **안식일 계명**에 처음 등장한 후에 신명기 5장 12-14절에도 실린다.

안식일 계명은 그 자체로는 분명하게 이해되지 않았기 때문에 거기에 **동기** 부여가 필요하다고 여겼다. 노예 상태인 이스라엘과 출애굽을 기억하는 신명기 5장 15절에 그 동기가 있다. 그리고 이 동기는 신명기 다른 곳에도 이스라엘 형성 역사의 원초적 사건에 부합하는 신호들을 설정해 놓은 편집 방향과 정확하게 일치한다.

신명기 5장 15절에 덧붙은 동기는 포로기 이후 확장된 신명기의 틀 안에 남는다. 반면에 출애굽기 20장 11절은 밀접한 문학적 맥락을 멀리 넘어서서 창조 작업을 마친 하나님의 휴식을 근거로 매주의 안식일을 설명한다. 창세기 2장 2-3절에 대한 회상을 통해 출애굽기 20장 11절은 시나이산에서 세계 창조로 이어지는 긴 연결을 만들고 이 새 계명을 인간의 모든 역사에 앞서 하나님 고유의 실행 안에 뿌리내리게 한다. 6일 간의 일과 일에서 벗어나는 일곱

째 날의 반복은 말하자면 하나님의 세계 건설 계획에 들어
간다. 창조와 완전하게 조화를 이룬다는 것보다 안식일에
관한 더 위대한 사유는 존재하지 않는다. 안식일 계명만이
창조 질서 자체에 뿌리를 두고 있으며, 거꾸로 안식일에
하나님의 모든 활동은 창조 주간의 일곱째 날과 함께 미리
구상된 목적지에 도달한다.

열 가지 말씀

5

본디의
뜻과 의의

나는 야훼, 너의 하나님이다

데칼로그의 특징은 구약성경에 있는 하나님 뜻에 대한 수많은 보고들 가운데 유일하게 서언으로 시작한다는 점이다. 데칼로그에서 하나님의 행위가 사람의 모든 행위 앞에 놓이기 때문에 이 서언은 "전체의 얼굴이 된다"루돌프 스멘드.

그와 함께 서언은 멀찍이 고대 근동에서 나오는, 특히 기원전 20세기 히타이트와 10세기 신아시리아로부터 알려진 봉신 계약을 떠올리게 한다. 그 계약은 종종 특정한 형식에 따른다. 원칙에 대한 선언과 같은 것이 단일한 계약 조항 안의 수많은 의무들 앞에 있는데, 이 선언은 대왕을 봉신들에게 자신에 대한 의무를 지우는 자로 명명한다. 그 외에도 서언은 대왕이 이따금 봉신들에게 베풀었던 선행을 기억하게 한다. 예컨대 기원전 14세기 말 히타이트의 대왕 무르실리 2세가 북시리아 도시국가 우가리트의 왕 니크메파와 맺은 조약은 아래와 같이 시작한다.

나의 태양 = 대왕의 칭호, 무르실리, 대왕, 히타이의 왕은 다음과 같이 말한다: … 나, 왕은 너를 네 아버지의 왕위에 앉힌다. 나는 너에게 네 아버지의 땅을 돌려주었다. 그리고 너, 니크메파는 너의 나라와 함께 나의 신하이다 TUAT NF II, 165f..

우가리트 왕의 히타이트 제국에 대한 관계를 명확히 하는 이러한 기억에 따라 무르실리는 자신의 봉신들에게 많은 의무들을 지우는데, 그 가운데 가장 중요한 것은 무르실리의 적에 대항하는 군사적 조력 보장§2-6과 정치 망명자들의 인도§7; 9; 12다. 기원전 7세기 중반 아슈르바니팔과 아랍 부족 케다르의 군주가 맺은 계약이 시기적으로 데칼로그에 가장 가깝다. 이 계약은 매으 불완전하게 보존되어 있지만 시작 부분이 다음과 같이 확인된다.

아슈르바니팔, 아시리아의 왕, 너희들의 주인이 너희에게 올리브 나무를 마련해 주었고 서약 의례를 위해 그의 은혜로운 얼굴이 너희에게 향했다 TUAT I, 177, 8-11행.

왕이 자신의 봉신들에게 보장해 주는 이러한 관계는 계약에 대한 신의의 계기가 된다. 원칙에 대한 선언에서 상기되는 왕의 시혜가 많은 의무들 하나하나에 앞서 들려져야 한다. 데칼로그의 서언은 전체적으로 그에 비길만한 기능을 가지고 있다. 서언은 불린 너와의 특별한 관계와 그로부터 생겨나는 의무의 근거를 설명한다.

서언은 두 개의 형식적인 표현, 이른바 자기소개 표현 형식과 출애굽 표현 형식을 서로 연결한다. 먼저 "나는 야훼이다, … "로 하나님이 자신을 소개하신다. 출애굽기 20장의 이야기 상황에서 이것은 하나님이 데칼로그를 가지고 처음으로 직접 그리고 분명하게 이스라엘에게 다가서신다는 점에서 중요하다. 위에서 문단의 제목으로 택한 번역은 시편 50장 7절에서의 표현에 근거한 것인데, 그것은 본디 "나는 하나님 곧 네 하나님이로다"이다. 이 자기소개 표현 형식은 일상에 근거를 두고 있다. 창세기 45장 3절에서 요셉은 이집트에 온 자신의 형제들에게 "나는 요셉이다. 아버지는 살아계시는가?"라는 말로 그들이 자신을 알아보도록 한다. 고대 근동의 다신교 세계에서 신의 자기소개는 종교적 어법에 들어간다. 신아시리아 시대와 시기적으로 가장 가까이 있는 것은 이슈타르의 신탁이다.

나는 아르벨라의 이슈타르이다. 어사르하돈, 아시리아의 왕. 아수르, 니네베, 칼락과 아르벨라에서 나는 긴 날과 영원한 세월을 에사르하돈, 나의 왕에게 줄 것이다. 나는 너의 위대한 산파이다, 나는 너의 선한 유모이다 ··· TUAT II, 58

이러한 예에서 볼 수 있듯이 이 표현 형식은 여태까지 알려지지 않은 것을 소개하는 기능만 하는 것이 결코 아니다. 여기서 그것은 뒤따르는 약속의 이행을 보증하는 위엄과 권위의 표현이다. 따라서 이 표현은 사람들 사이에서도 사용될 수 있다. 요셉이 높은 지위에 오르자 파라오는 그에게 모든 이집트인의 절대 복종을 보증한다.

나는 파라오다! 너의 뜻에 반하는 자는 아무도 이집트 땅 전체에서 자신의 손과 발을 놀리지 못할 것이다 창 41:44.

이러한 의미에서 데칼로그에서의 자기소개 표현 형식은 명령하는 하나님의 권위를 강조한다고 할 수 있다. 그렇지만 여기서 강세가 "나는 야훼이다"보다, 오히려 동격인 "나는 너의 하나님 … "에 실린다. 즉 하나님이 우주 질서의 담지자 또는 세계의 창조자가 아니라 불린 자들의 하나님으로 나타나신다. 하나님은 그들을 다른 사람들과 구별하는, 그들과의 특별한 관계에 자신을 위치시키신다.

이어지는 관계사절 곧 " … 너희를 이집트 땅에서, 노예의 집에서 이끌고 나오신"이 이스라엘이 이미 겪은 경험에 기초하여 그 근거를 밝혀준다. 이른바 출애굽 표현 형식은 본디 벧엘 성소와 연결되는 제의 표현 형식으로 거슬러 올라간다.

보라, 너의 하나님, 이스라엘아,
이집트 땅으로부터 너를 이끌고 나오신 *ʿalah* 분.
출 32:4와 함께 왕상 12:28 참고

서언 특유의 자기소개 표현 형식과 출애굽 표현 형식의 결합은 기원전 8세기 후반 예언자 호세아의 재난 선포에서 처음 나타나는데, 그것은 본디 다음과 같았을 것이다.

4a 나는 이집트 땅에서부터 야훼, 너의 하나님이다.

5 나는 광야에서, 메마른 땅에서 "너를 먹일 것이다."

호 13:4a, 5. 12:9도 참고

이러한 유산이 데칼로그에서 다듬어진다. 그렇지만 이미 여기서 출애굽 표현 형식이 특징적으로 변한다. 옛 형태가 "이집트에서 끌어 올리다_{ʿalah}"라고 말했고 그것으로 출애굽의 목적지가 약속의 땅이며 표현하고 있는 자리가 그 땅임을 알려 주었다면, 나중의 형태는 새로운 강세를 놓는다. 새로운 형태는 "끌어올림"을 "끌어냄"_{yaṣʾa}으로 바꾸고 이집트를 "노예의 집"으로 나타낸다. 이러한 표현은 데칼로그 외에는 성경에서 신명기와 신명기에 의존하는 문헌에서만 나타난다. 노예의 집으로부터 끌어냄에 대한 기억을 통해 하나님은 자신을 해방자로 분명하게 소개하고 열 가지 말씀을 듣는 자들을 해방된 자들로 부르신다.

서언에서 "너"와 "너의 하나님"이라는 표현은 누구를 가리키는가? 넓게 흩어져 있는 출애굽 표현 형식의 예들에서 알 수 있듯이, 문맥에서 단수 호칭은 우선 집합적 "이스라엘"과 연관된다. 다른 한편으로는 민족이 아니라 개인만이 부모와 자녀를 갖고 간음하거나 물건을 훔칠 수 있다는 점을 간과해서는 안 된다. 또한 이방신 금지 명령을 어겼을 때 세대로 이어지는 벌은 민족이 아니라 대가족을 전제한다. 따라서 모든 금지 명령과 긍정 명령에서 불리는 "너"는, 부모가 있고 적어도 아이와 종들을 가질 수 있는 자유로운 시민으로서의 개개인과 관련된다. 그러나 데칼로그가 모든 개인을 향하고 있기 때문에 그 개인이 이러한 규정들을 충족시키는 한에서 개인은 전체로서의 민족에 전적으로 관계된다. 서언은 이스라엘의 모든 개인에게 해방에서 경험한 은혜를 상기시킨다. 그러한 점에서 데칼로그의 서언은 봉신 계약 안의 원칙 선언처럼 보편적 효력을 목적으로 하는 것이 아니라 하나님이 자유롭게 해주신 자들의 특별한 의무를 강조하는 것이다.

그와 함께 서언은 열 가지 말씀에 또 다른 얼굴을 갖게 한다. 서언은 자유롭게 된 자들에게 적용되어 그들이 그 자유를 보존하도록 촉구한다. 자유롭게 됨의 경험으로부터 자유롭게 하신 하나님과의 결속이 자라난다. 자유의 경험은 다른 사람들과 연결되기 때문에 그로부터 귀결되는, 자유롭게 된 이웃과의 관계가 데칼로그 둘째 돌판에서 다루어진다.

너는 나 외에 다른 신들을 두지 말라

이방신 금지와 우상 금지는 예부터 이어지는 유대교의 특징인데, 이로부터 고대 세계에서 유대교는 다른 모든 종교와 다르게 인식되어 왔다. 다름과 이질성은 일반적으로 상반되는 작용을 동시에 한다. 고대 세계에서 유일신을 형상 없이 숭배하는 것은 신에 대한 철학적 표상의 표현으로 받아들여지고 확실하게 인정받는다. 아리스토텔레스의 제자 테오프라스토스기원전 4-3세기는 유대인을 밤하늘을 바라보며 "신적인 것"에 대해 논하는 철학적 민족으로 여겼다. 심지어 유대인에게 우호적이지 않았던 타키투스조차도 그의『역사』*Historiae*에서 다음과 같이 보고한다.

이집트인들은 많은 동물들과 만들어 놓은 형상들을 숭배한다. 그러나 유대인들은 순전히 정신적인 신에 대한 개념을 가지고 있고 신의 본질만을 인식한다. 그들은 땅에 있는 재료를 가지고 사람의 모습에 따라 신의 형상을 만드는 모든 사람을 무신론자로 여긴다. 그들에 따르면 그들에게 떠오르는 가장 높고 영원한 존재는 현시될 수 없고 골락하지도 않는다. 따라서 그들은 나라에 신의 형상들을 세우지 않는데, 무엇보다도 그들의 신전에 더욱 그렇다5,5,4.

그러나 이러한 깊은 차원의 다름을 두고 이질감이 더욱
확대되었다. 로도스의 연설가 아폴로니우스 몰론기원후
1세기에게 유대인들은 "무신론적이고 비인간적"으로 보였
는데, 그 이유는 그들이 "다른 사람들과 같은 신들을 숭배
하지 않기" 때문이다. 또 타키투스는 단 몇 줄의 사실적인
기술로 유대인을 "미신에 빠져 참된 종교를 싫어하는 민
족", 로마인들에게 신성한 모든 것을 신성하지 않은 것으
로 여기는 민족이라고 언급한다.

그런데 이방신 금지에서 우리를 놀랍게 하는 것은 그것
이 이스라엘의 하나님뿐만 아니라 다른 신들의 실재와 그
신들의 권능과 숭배를 의심 없이 전제하고 있다는 점이다.
이것은 데칼로그와 성경의 많은 부분들을 고대 세계와 연
결한다. 신들이 존재하는가라는 물음은 제기되지 않는다.
예를 들어 키케로는, "신들이 존재한다는 것은 모든 인간
에게 본유적이다. 말하자면 영혼에 새겨져 있다. 신들의
본질에 대한 견해는 갈라지지만 아무도 신들의 현존을 부
정하지 않는다"라는 입장을 분명하게 앞세운다. 이방신들
이 얼마나 효력이 있는지를 이스라엘은 전쟁을 겪으며 알

게 된다.

> 이스라엘이 길하라셋오늘날 요르단의 카라크에서 모압 왕을 포위했을 때 절망에 빠진 왕이 성벽 위에서 자신의 아들을 번제의 제물로 바친다. 이러한 극단적인 결정으로 왕은 모압 왕조와 나라의 신이 개입하기를 촉구한다. 그 결과는 이스라엘 주둔군에게 치명적이었다. "큰 신의 분노가 이스라엘에게 미치자 그들은 퇴각해야만 했다"왕하 3:27.

따라서 이방신 금지는 다른 신들의 실재에 맞서 싸우는 것이 아니고 그 신들의 권능에 대항하는 것도 아니다. 그것은 이스라엘 안에서의 이방신 숭배를 반대하는 것이다. 디오게네스 라에르티오스로부터 전해지는, 기원전 6세기 밀레토스 출신의 최초의 철학자 탈레스의 말에 따르면 세계는 "신들로 가득"하다. 그렇지만 장차 이스라엘을 위해서는 오직 하나의 신 야훼만 있어야 한다. 이 금지는 그 자체로는 결코 이해되지 않는다. 그렇지 않다면 명시적인 금지가 필요하지 않았을 것이다. 따라서 핵심은 실재의 유일성이 아니라 관계의 유일성이다. 그러므로 다루어야 할 문제는 오늘 말로 "유일신론"이 아니라 바로 200년 전 슐라

이어마허가 명명한 "일신숭배"다. 그러나 여기서 유일신숭배는 자명한 실행이 아니라 나아가야 할 방향을 제시하는 의미를 갖는다. 이것은 이방신 금지를 신명기 6장 4절의 신앙고백 "우리 하나님 여호와는 오직 유일한 여호와이시니"와 결합한다. 물론 거기서는 유다-이스라엘 안에서의 한 집단의 신앙고백을 이스라엘에 속하는 모든 사람에게 요구한다.

루터가 "내 옆에"로 번역하고 마르틴 부버가 "내 면전에"로 번역한 두 낱말이 특별한 이해의 문제로 제기된다. 이 논란이 되는 표현은 아시리아의 계약 용어로부터 가장 설득력 있게 설명될 수 있을 것이다. 그래서 만프레드 크레버닉은, 기원전 672년 이후 에사르하돈이 자신의 왕위 계승 규정을 위한 계약에서 사용한 히브리어 *ʿal panay* 에 맞는 어법에 주의를 기울였다. 거기서 그 아시리아의 왕은 자신의 봉신들에게 다음과 같이 의무를 지운다.

너희는 그=왕가 말하는 모든 것을 듣고 그가 명령하는 모든 것을 행하라. 그리고 나를 대신하는 다른 왕이나 다른 주인을 찾지 말라 195행 이하.

이러한 관점에서 이방신 금지는 "너는 나를 대신하는 다른 신들을 두지 말라!"로 더 정확히 번역되어야 할 것이다. 또한 이러한 해석은 봉신 계약에서 연상되는 것들과 잘 어울리는데, 그것들이 이미 서언에서 제시되고 데칼로그 서두의 다른 표현들에서 받아들여지기 때문이다. 따라서 이 해석이 다른 모든 해석에 우선할 수 있다.

원래부터 이어진 구절인 출애굽기 20장 5-6절이 그러한 표현에 속한다. 이 구절들은 서언을 소급하여 이방신 금지의 틀을 세우고 동시에 다른 신들을 두지 말라는 것이 무엇인지를 정확하게 규정한다. "너는 그들 앞에 엎드려 절하지 말고 그들을 섬기지 말라"에서 두 동사 모두 제의 영역에 제한되어 있지 않다. "엎드려 절하다"는 사람이 신에게 다가가는 몸짓에 속한다. 그러나 같은 방식으로 관리가 궁정 의식에서 왕 앞에 등장하고 봉신이 대왕에게 충성을 맹세한다. "섬기다" 역시 제의를 넘어선 모든 주종관계를 묘사하며 같은 이유로 봉신 계약에서도 발견된다. 그러므로 두 금지 명령은 서언을 배경으로 이러한 지평에서 이해되어야 한다. 하나님에 의해 이방신 예배로부터 자유롭게 된 자는 이방신들에게 제의적인 경의를 표해서는 안 되며, 그들과 봉신으로서 충성 관계를 맺어서도 안 된다.

이어지는 야훼의 "질투"를 통한 근거 제시는 하나님과의 관계를 계약 관계로 받아들이시고, 이것을 질투하시는 하나님 — 경쟁자들 — 파트너라는 구도에서의 애정 관계로 해석한다. "질투하시는 하나님"은 이방신 금지 출 34:14 등와 우상 금지 신 4:24의 근거를 밝히는 데서 항상 언급된다. 이 표현과 관련하여 데칼로그보다 더 오래된 출전은 없다. 이어지는 구절들이 가리키듯이 하나님의 질투는 이방신들이나 그 형상들을 향하는 것이 아니라, 하나님이 자신을 "너의 하나님"으로 신뢰하게끔 만들어 놓으신 자가 "여전히 이방신들을 따를 때" 신 6:14-15 바로 그에게로 향한다. 모든 면에서 하나님은 고대 근동이나 그리스-로마 문화권에서 신이라고 불린 대상과 구별된다. 거기서 신들은 전적으로 욕망하고 서로 시기하는 것으로 표상되지만, 자신을 숭배하는 자들에 대한 신의 질투는 언급되지 않는다. 고대 다신교의 본질에는 원칙적으로 관용이 들어간다. 각각의 신마다 세계에 대한 새로운 차원을 열기 때문이다. 현실이 더 복잡하게 경험될수록 종교의 상징체계는 더 세분화된다. 그에 비하여 이방신 금지는 실재의 경험을 야훼 이외의 다른 신적인 권능과 연관시키는 것을 금한다.

더욱이 야훼 자신이 노예의 집에서 데리고 나온 자들과

맺은 격정적 관계는 신에 대한 고대의 철학적 표상과 구별된다. 이스라엘의 하나님은 시샘하며 신의를 촉구하는 그야말로 열정적인 연인으로 나타나는 반면에, 스토아학파가 생각하는 신은 모든 감정적 흥분 특히 열정으로부터 완전히 자유롭다.

하나님의 질투는 징벌의 결정적 위협으로 나타나는데, 여기에 은혜를 베푸신다는 예고가 덧붙는다. 징벌과 은혜는 모두 제의 전승에 근원한다. 우리는 그것을 출애굽기 34장 6-7절; 신명기 7장 9-10절 등의 다양한 변형에서 알 수 있다. 핵심은 야훼의 은혜가 차고 넘친다는 점이다. 불충실함에 대한 징벌은 최대 네 세대에 걸쳐 내려지는데, 이는 한 집안에 함께 사는 세대 수 만큼이다. 그에 반하여 하나님의 신실함은 무한하고 헤아릴 수 없을 만큼 멀리 미친다.

따라서 데칼로그는 이방신 금지 명령의 위반에 대한 징벌에서 본디 씨족의 연대책임을 전제한다. 에스겔 18장에서 관철되는 개인에 대한 징벌의 영향 아래 집단 징벌이 점차 바뀌는데, 징벌이 명백히 "나를 미워하는 자"에 제한되고, 은혜 베풂은 "나를 사랑하고 나의 명령을 지키는 자"에게만 주어지도록 수정되었다. "미워하다"와 "사랑하다"

의 대조 쌍으로 데칼로그는 다시 한번 봉신 계약의 언어를
수용한다. 예를 들어 바빌로니아 사람들은 아슈르바니팔
과의 계약에서 다음과 같은 의무를 갖는다.

> 우리는 아슈르바니팔, 아시리아의 왕을 사랑하고 그의 적들
> 을 증오한다.
> 이날부터 우리가 사는 한 아슈르바니팔, 아시리아의 왕은 우
> 리의 왕과 주인이 될 것이다 … 조항 9, 32행 이하.

충성스럽게 자신의 주인에게 헌신적으로 복종하는 봉
신을 신아시리아 계약서들에서는 "자신의 주인을 사랑하
는 자"라고 부른다TUAT I, 165 §18. 이러한 이유로 봉신들은
다음과 같은 것을 분명하게 요구받는다.

> 너는 아슈르바니팔, 지명된 왕세자 … 너의 주인을 너의 생명
> 과 너 자신만큼 사랑해야 한다 조항 6, 226-268행. 레 19:18과 비교.

이는 신명기가 온 마음과 온 뜻과 온 힘으로 사랑할 것
6:5과 그를 섬길 것 10:12; 11:13을 거듭해서 촉구하는 것과
완전히 일치한다.

이방신 금지는 언제 생겨났는가? 지금까지 알려진 바로는 어떠한 형태로든 명백하고 일반적인 이방신 금지는 데칼로그 이전 곧 유다의 멸망 이전에는 존재하지 않았다. 이러한 문헌적 증거는 고고학적으로 밝혀진 왕정시대 이스라엘과 유다의 상황에 들어맞는다. 주로 기원전 8세기와 7-6세기 사이의 개인 저택과 무덤에서 지금까지 약 1,000개의 여성 점토상들이 발견되었다. 출토 상황과 출토물의 형상은 집안 제의에서 여신이 수호신과 축복의 중재자로 숭배되었다는 해석을 뒷받침한다. 많은 점에서 그것은 성경으로부터 알려진 여신 아세라와 동일하게 여겨진다. 기원전 8세기 초 가자와 엘라트 사이를 오가던 상인들이 숙소에 남긴 것으로 보이는 비문들에도 아세라가 등장한다. 편지 형식으로 된 비문의 내용은 축복의 기원인데 작성자는 자신의 고용주를 북이스라엘의 신 야훼와 그에게 딸려있는 여신 아세라에게 맡기고 축복을 빌었다.

나는 이것으로 너희를 사마리아의 야훼와 그의 아세라 앞에 축복한다.

해석의 불확실성에도 불구하고 이 비문들과 또 다른 비

문들은 기원전 8세기 예언자 호세아가 등장하기 직전 북
왕국의 야훼에게 짝을 이루는 여신이 있었다는 도발적인
사실을 입증한다. 그 내용은 8세기 헤브론 근처의 한 묘비
문에서 유추되듯이 유다에서도 본질적으로 다르지 않다.

> 부호 우리야후가 이것을 썼다 쓰라 시켰다:
> 우리야후가 야훼에게 축복을 받았다.
> 그리고 야훼가 그의 아세라를 통해 그를 그의 적들로부터 구
> 했다.

따라서 왕정시대 이스라엘과 유다에서는 야훼와 함께
아세라도 야훼의 짝인 여신으로 숭배했고 일상의 곤궁과
위협에서 축복의 전달자와 수호 여신으로 불렸다는 것이
몇 가지 사실에서 입증된다. 정확히 그 시기에 야훼는 아
직 "질투하는 하나님"이 아니었고 숭배자들에 대한 관계
또한 봉신 계약 방식으로 정해지지 않았다. 그렇다고 해서
일반적인 다신론이 언급될 수는 없다. 여러 신들을 위한
신전이 이스라엘이나 유다에서는 확인되지 않았고, 동쪽
인접국인 암몬, 모압, 에돔에서도 마찬가지였다. 그것은
문화적 주변 지역에서도 기대할 수 없다. 오히려 그것은

종교 내부의 다원주의의 문제다. 암몬의 밀곰, 모압의 그모스, 에돔의 카우스와 마찬가지로 야훼는 사마리아와 예루살렘의 나라와 왕조의 신이었다. 이 신들은 자신들과 결합된 각각의 왕권의 존립과 왕권을 통해 확립된 질서를 보장하였고 나라의 번영을 돌봤다. 전쟁에서의 승리는 신들의 덕택이었다. 그러나 집안은 또 다른 권능들의 영역이었다. 그 당시 유다와 같이 이스라엘에서는 아세라의 축복을 기대했고, 자신의 수호신에게 도움을 청하며, 가족의 죽은 조상과의 관계를 유지했다. 야훼와 연결된 표상들은 오랜 통합 과정에서 변화했다. 또 야훼가 처음에는 갖지 않았던 역할도 점점 늘어났다. 히스기야 임금 시대에는 야훼를 태양신으로 생각했다. 그 후에는 서쪽으로 승전행렬을 하는 하란의 달의 신이 유대인들이 자신들의 신 야훼에 대해 품었던 생각에 영향을 주었다. 점차- 야훼는 가족과 무덤의 영역에서도 권능을 갖게 되었다. 당연히 신들이 부족하지 않았던 고대 근동의 종교사에서 신들이 통합되는 특정한 형태로 — 기원전 첫 번째 천년기에 다른 곳에서도 관찰될 수 있는 흐름 — 유일한 신으로서의 하나의 신에 대한 배타적 숭배는 나타나지 않았다.

아시리아의 왕이 세계를 자신들의 신 아수르에게 복종

시킬 그 때에 유다에서 결정적인 전환이 일어났다. 아시리아의 침입 때 신명기의 선조들은 신명기 6장 4절에서 잘 알려진 전형적인 신앙고백으로 그들의 책을 쓰기 시작한다. 여기에서 — 고대 근동의 역사에서 독특한 — 하나님의 유일성이 한 집단과 결합되어 "우리의 하나님" 설명된다. 이 신앙고백은 유다 역사에서 처음으로 다른 신들과의 관계를 배제한다. 적어도 이 신앙고백에 스스로를 복속시키는 집단들에 한해서는 그렇다. 그 후손들이 데칼로그를 작성하고 모든 이방신에 대한 절대적 금지 명령을 핵심 계명으로 정점에 놓는다. 이스라엘의 야훼에 대한 배타적 숭배는 한참 뒤에 "유일신론"이라고 명명한 것을 위한 작은 걸음이다. 바빌로니아 포로기 한 익명의 예언자는 이러한 배타성을 다음과 같이 개념적으로 정식화한다.

나는 처음이요 나는 마지막이라
나 외에 다른 신이 없느니라 사 44:6. 43:10-11 등도 참고.

여기에서는 야훼와 이스라엘 관계의 배타성 이상의 것이 다루어진다. 곧 감히 신이라고 자처하는 모든 것에 대한 하나님의 배타성을 이야기한다. 이사야서의 무명의 저자에게는 관계뿐만이 아니라 앎 또한 중요하다. 그렇기 때문에 그는 몇몇 가상의 법정 연설로 야훼와 신들을 법정에 등장시킨다. "그리하면 너희가 신들인 줄 우리가 알리라"사 41:23-24. 그러나 소환된 신들은 어떤 선한 것도 어떤 악한 것도 말하거나 행할 수 없다. 따라서 그들은 아무런 영향력이 없으며 결국 실재성도 갖지 못한다. 데칼로그의 이방신 금지는 왕정시대 말기 신명기 6장 4절의 신앙고백과 포로기 후기 때의 이사야 40-48장 사이에 위치한다.

너는 나의 어떠한 제의형상도 만들지 말라

우상 금지 본문은 단 **하나의** 의미만 허용하는 것이 아니다. 번역에 추가된 두 단어 나의, 제의를 제외하면 이것은 금방 분명해진다. 어떠한 형상들이 금지되는가? 우상 금지는 단지 신의 형상적 묘사를 금지하는가, 아니면 사람 나아가 모든 생명체의 형상적 묘사도 금지하는가? 이것은 이스라엘 하나님의 형상 제작만 관련되는가, 아니면 이방신의 형상 제작도 관련되는가? 이것은 모든 방식의 하나님의 묘사를 금지하는가, 아니면 제의 목적 곧 숭배를 위한 하나님의 묘사를 금지하는가? 이것은 전신 입상과만 관련되는가 아니면 벽화 또는 바닥 모자이크와도 연관되는가? 이로부터 시각 예술의 일반적 금지를 언급하는 것인가, 아니면 신성한 공간 안에서만 금지를 언급하는 것인가? 사진까지 금지하는 것인가, 아니면 영화만을 금지하는 것인가? 이러한 의문을 처음 제기한 사람들은 우리가 아니다. 랍비 가말리엘 2세와 성경에 해박한 그리스 철학자가 기원후 2세기 초 아코에서 벌인 논쟁이 잘 알려져 있다. 기원후 2세기에 나온 유대 구전 율법의 권위 있는 모음집인 미슈나가 우상숭배에 관한 논박에서 그것을 전하고 있다. 철학자가 랍비에게 해명을 요구한다. 랍비가 여신 아프로디테의 모자이크로 장식된 목욕탕에 갔기 때문이다. 랍비는 우상 금지의 의미에 대해 많은 것을 시사하는 두 개의 명료한 논증으로 우상숭배 비난에 대처한다. 첫째로 그는 자신이 여신에게 간 것이 아니라 여신이 자신에게 왔다고 말한다. 목욕탕이 여신을 위해 만들어진 것이 아니라 여신장식으로서이 목욕탕을 위해 만들어졌기 때문이라는 것이다. 둘째로는 그 형상이 여신일 리 없다고 말한다. 목욕탕의 모든 사람이 옷을 벗었고 더욱이 화장실에서 그 형상을 마주 보고 용변을 보기도 하는데, 과연 여신 앞에서 그렇게 행동할 수 있겠냐는 것이다. 랍비는 제의에서 사용되는 형상과 장식으로서의 형상을 분명하게 구별한다. 그에게 있어서 형상 금지는 제의 형상 금지이지 예술 금지가 아니다. 이에 맞게 또 다른 유대 율법 학자 역시 유대인들의 집과 교회의 벽과 바닥에 그려진 그림을 제의 형상과 구별한다. 물론 그 당시 형상 금지에 대한 이러한 관대한 해석은 유일한 것이 아니었고 널리 받아들여지지도 않았다. 그밖에 우리가 탈무드에서 알 수 있는 것은, 다른 유대인들은 그들이 시장에서 사용했던 로마의 동전들에 있는 형상을 감히 쳐다보지도 못했다는 점이다. 그렇다면 형상 금지는 본디 무엇을 의미하는가?

결정적인 것은 데칼로그에서 선택한 "형상"의 히브리어 개념 *päsäl*의 의미다. 이 낱말은, 열왕기상 5장 18절 히브리어 성경은 32절에서 성전 건축을 위한 돌 "다듬기", 출애굽기 34장 1, 4절에서는 두 돌판을 "깍아 만들기"에 사용되는 동사에서 파생되었다. 이 히브리어 명사는 다양한 재료로 만든 조각을 의미하는데, 그 재료는 본디 나무와 돌이었지만 나중에는 금속도 사용되었다 사 40:19; 44:10 참고. 그리고 이것은 예술 작품 자체를 가리키는 것이 아니라 오직 제의용으로 주로 성소에서 나중에는 집안 제의와 개인제의에도 사용되는 작품을 가리킨다. "제의 조각상"이라는 의미가 이러한 사실관계에 가장 적합하다. 이와 같이 선택한 용어인 형상은 형상 금지를 명확하게 제의 형상 금지로 규정한다. 시각 예술, 사람, 생명체의 형상적 묘사의 금지는 ― 어쨌든 본디는 ― 의도되지 않았다. 또한 형상 금지가 하나님의 표상과 언어적 상징을 향하지 않는다는 것은 명백하다. 하나님에 대해서는 상징과 비유로만 언급할 수 있기 때문이다. 이에 대한 가장 뚜렷한 예들이 성경 자체에서 발견된다.

데칼로그에서는 누구의 숭배 형상을 금지하는가? 첫 계명이 이방신들_{복수}을 향하고 있는 반면에 둘째 계명은 숭배 형상_{단수}의 제작을 금지한다. 이 차이가, 숭배 형상 금지가 이방신들과 관련된다는 것을 바로 암시하는 것은 아니다. 이방신 금지가 야훼를 제외한 모든 신들을 배제한 후에는 오직 야훼와 관련한 형상 금지만이 언급될 수 있다. 나아가 "다른 신들"을 "가지는 것"의 금지는 신들을 가지는 한 방식인 제의 형상을 포함해야 한다. 신명기사가들이 염두에 두고 떠올리는 신들은 추상적으로 숭배되지 않고 제의 형상의 형태로 숭배되기 때문이다. 이 모든 것은 형상 금지가 본디 야훼를 위한 제의 형상 제작의 금지임을 보여준다. 데칼로그에 관한 신명기 4장의 장엄한 설교에서도 이와 다른 어떤 것도 드러나지 않는다. 설교는 처음으로 형상 금지를 정식화하고 성경 안에 이 금지가 보전되어 왔던 단 하나의 근거를 제시한다. 그것은 확실한 만큼 단순하다. 곧 너희가 하나님의 산에서 야훼의 말씀을 들은 것이지 "어떤 형상"*kol t'munah*도 본 것이 아니기 때문에4:15 너희는 야훼를 위해 "어떤 형태로든 제의 형상"을 제작해서는 안 된다4:16, 23, 25는 것이다.

고대 중동에서 제의 형상의 문제가 무엇인지 안다면 우리의 귀에 거의 합리적인 주장처럼 들리는 금지의 근거가 비로소 파악된다. 잠시 바빌로니아를 보자! 거기서 제의 형상은 모든 성소의 핵심이다. 그것은 제의 행위들이 향하는 신의 성스러운 현존을 보증한다. 천체와 땅의 영속적인 질서가 신과 결합되어 있기 때문에 전쟁에서의 약탈이나 파괴 등에 의한 제의 형상의 손상은 공동체에 파국적인 결과를 가져온다. 불확실한 신의 실재성이 제의 형상을 통해 눈에 보이는 형태를 갖기 때문에 그 형상은 단지 모사가 아니라 눈에 보이지 않는 신의 실재적인 재현이다. 물론 이것은 신이 자신의 형상과 본질적으로 결합되어 있는 한

107

에서만 그렇다. 그렇기 때문에 의례에 따른 제의 형상 제작 과정에 신들의 참여가 결정적으로 중요하다. 제작자는 신들에게 그들의 손만을 빌려준다. 그 손은 상징적인 행위로 제작 이후에 "잘린다." 조각상을 제의 형상으로 전환하기 위해서 두 가지 의례 행위가 여러 번 되풀이된다. "입 씻기" 정화 의식은 제의 형상을 세상에서의 과거와 분리시키고 그것을 하나의 "신상"으로 만든다. 그에 반하여 "입 열기"는 제의 형상에 생기를 불어 넣는다. 이때부터 그 형상은 현존하는 신을 그 안에 갖는 "세상에서의 몸"이 된다.

신명기 4장의 형상 금지 근거는 바빌로니아의 제의 형상 제작 과정과 중요한 점에서 관련된다. 누구도, 왕조차도 제의 형상을 보수하거나 다시 세울 수 없다. 그러기 위해서는 명시적인 신의 허가가 필요하다. 형상의 형태도 왕이나 제사장이나 작업자가 결정하는 것이 아니라, 신전에 있는 "전형들"에 보존되는 전통에 따른다. 언제나 그렇지는 않지만 분명하지 않을 때는 신탁으로 지시를 내리는 신에게 묻는다.

오늘날 대영박물관에 전시된 흉상이 양각된 석판은 많은 것을 말해준다. 그것은 한 사제와 한 여신을 나타내는데, 여신은 하늘 궁전에서 캐노피 아래에 앉아 있는 태양신 샤마쉬 앞으로 왕을 데리고 간다. 태양 모양의 숭배 상징물이 방문자와 신 사이를 중재한다. 긴 글이 석판의 가장 큰 부분을 차지한다. 그 글은 시파르에서 적대적인 수투인에 의해 파괴된 샤마쉬 신상을 여러 어려움을 겪은 이후에 새로 훌륭하게 제작한 상황을 회고한다. 신상의 파괴는 샤마쉬가 그 도시에 분노했기 때문에 가능했다. 그래서 그는 이 세상의 몸을 떠나 하늘에 있는 자신의 실재성으로 돌아갔다. 신상의 형태가 더는 복구될 수 없었기 때문에 왕은 샤마쉬에게 조언을 구했지만 성과가 없었다. 왕은 "샤마쉬에게 신의 외모에 대해 물었지만 그는 왕에게 자신의 얼굴을 보여주지 않았다." 왕은 신상의 복구를 포기해야만 했고 숭배의 상징물로 태양 원반만을 만들어 놓을 수 있었다. 150년 뒤에야 태양신은 왕의 후계자에게 "은혜를 베풀고 자신의 얼굴을 다시 향하게 했다. 그의 외모와 휘장이 양각된 구운 점토 부조가 … 발견되었다." 마침내 왕이 이 부조를 본떠 "의례 지침에 맞겨" 샤마쉬 조각상을 완성하고 이러한 행운을 돌판에 새겨 기릴 수 있었다. 샤마쉬가 신상이 파괴된 후 자신의 외모를 알려주지 않은 것과 마찬가지로 야훼도 호렙산에서 자신의 모습을 숨긴다 "너희는 형태를 볼 수 없었다" 신 4:12, 15. 고대 근동의 이해에 따르

사제와 수호여신이 바빌로니아의 왕 나브-아플라-이디나를
자신의 하늘 궁전에 있는 태양신 샤마쉬 앞에 데려 가고 있다.

면 신이 자신의 모습을 알려주지 않으면 신상은 존재할 수
없다.

데칼로그의 형상 금지는 "어떠한 형태도"라는 표현과
세 개의 관계사절들로 설명된다. 이 둘은 신상을 제작할
때 그 형태가 다양할 수 있다는 것을 염두에 둔 것이다. "어
떠한 형태도"라는 표현은 신명기 4장 15절에 나온다. 이
표현은 모든 형상적 신상을 배제한다. 이와 함께 이어지
는 관계사절들이 "어떠한 형태도"가 의미하는 것을 펼쳐
보이면 누구도 어리석은 발상을 하지 않는다. 신명기 4장

17-18절에서 관계사절들은 세 겹의 세계상을 다루는데, 이것은 구약성경의 다른 곳에서는 발견되지 않는다. 이 구절들은 하늘, 땅, 지하세계"땅 아래의 물"를 가지고 전체로서의 세계와 세계의 모든 영역을 묘사하고 세계의 그 무엇도 야훼를 알맞게 재현하기에 적합하지 않다는 것을 분명하게 가르친다. 이것은 제의 형상으로서의 모든 사람과 동물 형태의 조각상 또는 그것들이 혼합된 조각상을 단호히 배제한다는 매우 구체적인 의미를 갖는다. 야훼와 세계 전체와의 이와 같은 엄격한 구분에, 형상 금지가 하나님과 세계의 무한한 차이를 철저하게 가르치고 하나님의 자유로움을 보존한다는 강력한 해석이 이후에 연결될 수 있었다. 이 해석은 일찍이 우상 금지가 벌였던 싸움이 끝난 후에 비로소 가능했다.

성경에서의 형상 금지 역사는 지속적인 확대의 역사로 그려질 수 있다. 야훼 성소를 위한 제의 형상의 금지가 맨 앞에 위치한다. 어떠한 형태이든지 제의 형상은 이스라엘의 하나님을 재현하지 못한다. 하나님이 자신의 모습이 아니라 열 가지 말씀을 호렙산에서 전해주셨기 때문이다신 4:12-13. 분명히 "하나님은 지금 여기 계신다." 그렇지만 제의 형상이 아니라 하나님 뜻의 선포, 곧 십계명에 계신다.

만약 성소에 야훼 제의 형상이 없다면, 당연히 사적 제의에서도 성소가 승인한 합법적인 형상들이 있을 수 없다. 이러한 종류의 제의용품들은 이 전제에 따라 자동적으로 이방신의 형상들이 된다. 데칼로그에서 이어지는 문장들신 5:9이 형상 금지를 이방신 금지와 밀접하게 결합하는 것은 우연이 아니다. 아마도 여기서 처음으로 나라의 공식적인 제의 형상 금지가 가족과 집안의 형상 금지로 옮겨졌을 것이다. 십계명의 형상 금지가 안식일 계명처럼 공공에 대한 영향력을 갖는다 하더라도, 우선 가족 및 사람 사이의 영역과 관련되기 때문이다. 제의 형상의 규범적 금지가 형상 파괴의 명시적인 명령으로 가는 길은 멀지 않다. 야훼 형상의 금지가 자동적으로 다른 모든 제의 형상들을 이방신들의 형상들로 만들기 때문이다. 그러는 한에서 결국 형상 금지는 제의의 목적으로 세워진 돌기둥과 모든 이방 제의를 비난하는출 23:23-24; 34:13 이방신 금지의 구체화로 제시된다신 7:5, 25. 신명기사가적 역사 구성에 따라 초창기에 요구되었지만 좀처럼 이행되지 않았던 것삿 6:25-32; 왕하 10:18-27; 11:18, 23이 기원후 2세기 중반 마카베오가 이끈 전쟁 기간에, 비록 강령은 아니었다 하더라도, 그들의 전쟁을 위한 이념적 장치로 기능하였다.

이미 고대 유대교에 대한 그리스 및 라틴 저자들의 가장 오래된 보고문들은 제의 형상의 배격을 유대 종교의 가장 특별한 점으로 나타내고 있다. 기원전 300년경 성경과 관련이 없는 최초의 저자인 압데라의 헤카타이오스는 유대인들이 사람 모양의 신들의 형상을 공경하지 않고 예루살렘 성전에는 오직 제단과 밤낮으로 켜져 있는 등불만 있다고 보고한다. 이것은 타키투스에 의해 확인된다. 그는 기원후 105년경에 나온 자신의 『역사』*Historiae*에서 폼페이우스가 아리스토블을 제압하고 나서 예루살렘 성전을 방문했다고 이야기한다. 그 이야기는 줄곧 성전의 지성소가 신상에 자리를 내어주지 않고 단지 "빈 공간"으로 있다고 알려준다. 그것은 언제나 그러했는가 아니면 특정한 역사적 순간의 결과인가?

제의 형상과 결합된 야훼 숭배가 북왕국 이스라엘에서는 받아들여졌을 가능성이 매우 높다. 비록 비난으로 덧칠되었지만, 핵심적으로 더 오래된 연대기 기록왕상 12:25, 28, 29이 이를 뒷받침한다. 이 구절들은 최소한 왕국의 남쪽 경계에 접해있는 유서 깊은 벧엘 성소와 아마도 왕국의 북쪽 경계에 있는 단에 금송아지가 세워졌다고 전한다. 수송아지는 시리아에서 날씨의 신을 상징하는 동물이었다.

그러나 국가 성소인 벧엘에서는암 7:13 참고 그것이 "너희를 이집트에서 데리고 나오신"왕상 12:28b를 출 32:4와 비교 야훼를 대신하는 것임에 분명하다. 야훼를 향한 것이 분명한 북왕국의 국가 제의가 신상 앞에서 치러졌다는 것은 님루드/칼후에서 나온 비문에서도 알 수 있다TUAT I, 382. 여기서 아시리아의 왕 사르곤 2세는 가자, 아스돗, 아스글론에서와 마찬가지로 기원전 721년 사마리아에서 수천 명의 주민들, 전차, "그들이 믿었던 신들"을 전리품으로 끌고 갔다고 자랑한다. 그 신들은 오직 제의 형상들을 가리킬 수밖에 없다.

물론 북왕국에 해당하는 것을 예루살렘에 적용할 필요는 없다. 유다에서만이라도 전통적으로 형상 없는 야훼 숭배가 있었는가? 주목할 만하게도 아라드 성채 야훼 성소의 지성소에서 세 개의 돌기둥이 발견되었는데, 그 가운데 가장 큰 것은 정교하게 다듬어지고 붉은색으로 칠해져 있었다. 사람들이 그 앞에서 향을 피우고 제물을 바쳤다. 돌기둥들이 이 왕실 성소에서 다윗 왕조와 나라의 신으로서 야훼를 대신했을 가능성이 크다. 두 개의 돌기둥이 동시에 사용되었다면, 그것들은 "야훼와 그의 아세라"를 상징하는 것으로 해석될 수 있을 것이다. 이 한 쌍의 신이 유다에 있는 히르벳 엘 콤의 한 묘비에 나온다. 형상화된 제의 상들에 대한 암시들도 있다. 우리는 성경의 짤막한 기록으로부터 일시적이지만 제의를 위한 여신 아세라 상이 예루살렘 성전에 있었다는 것을 알 수 있다. 열왕기상 15장 13절은 그 책임을 아사 왕의 조모인 마아가에게 돌린다. 성전에 아세라 상이 세워졌다고 정확하게 언급하지는 않지만 거의 확실하다. 왕이 그것을 기드론 계곡에서 파괴하도록 했기 때문이다. 열왕기하 21장 7절에 따르면, 아세라 제의 형상*päsäl*을 만들었을 뿐만이 아니라 그것을 성전에 세우기도 한 것은 신명기사가의 관점에서 가장 악한 왕인 므낫세이다. 그의 신실한 자손 요시야가 그것 왕하 23:6을 태양신의 말과 마차와 같은 다른 제의 물건들과 함께 신전에서 제거하여 기드론 계곡에서 파괴했다. 그러나 초기 신명기사가들은 그들의 왕정시대 서술에 흥미를 더해주는 크고 작은 개혁들 가운데 어디에서도 우상 금지 규정을 근거로 삼지 않았다. 그들이 — 이방신 금지와 달리 — 형상 금지를 아직 알지 못했다는 것은 분명해 보인다. 게다가 고고학적으로 확인된 다량의 작은 아세라 상들과 기마상들이 유다, 특히 예루살렘에서 집중적으로 발견되고 있다. 개인적 사용을 위한 작은 신상들에 관하여 우리가 알고 있듯이 이

115

러한 축소 복제물들은 그에 해당하는 성소의 제의 형상을 전제한다. 지금까지의 논의로부터 아세라를 위한 제의 형상이 성전에서 고려되어야 한다면, 아세라를 제의 형상으로 두고 다른 한편으로 형상 없이 야훼를 숭배한다는 것은 받아들이기가 어렵다. 이러한 상황에서 예루살렘의 야훼가 몇 차례 "그룹 위에 앉아 있는 자"로 불린다시 80:1[히브리어 성경은 2절]. 18:10[히브리어 성경은 11절] 등도 참고. 이 호칭은 왕정시대 성전의 지성소에 나란히 세워졌고 그 날개로 왕좌를 형상화했던 조각물들을 암시한다왕상 6:23-28. 거대한 규모와 좌상에 대한 묘사가 없다는 점으로부터 하나님의 보좌가 비어있었을 것으로 추정한다. 성전 건축 보고에 있는 다른 많은 것들과 마찬가지로 여기서의 치수는 "솔로몬 성전"이 구체적으로 확인될 수 없는 상황에서 이미 이상화되었을 페르시아 시대의 과장된 표현에 기인했을 것이다. 하나님의 빈 보좌라는 암시를 통해 후대의 저자들은 솔로몬 성전에 대한 그들의 관념에서 이미 형상 금지의 요구를 반영하고 있다. 따라서 확고한 증거는 없지만 예루살렘 성전의 그룹 위의 보좌와 지성소가 포로기 이전에는 결코 비어 있지 않았고, 신상을 떠올리게 하는 것들이 형상 금지의 결과로 엄격히 제거되었다고 추정하기에 충분한 근거가 있다.

형상 금지는 어떻게 생겨났는가? 형상 없는 제의로 끊임없이 비교되는 몇몇 유사한 종교들조차도 명시적인 형상 금지는 나타나지 않는다. 그렇기 때문에 기껏해야 돌기둥 정도의 형태인 사실상 형상 없는 야훼 숭배가 규범적인 비형상성으로 서서히 발전했다는 추측은 개연성이 없다. 제의 형상 금지는 유다 멸망과 예루살렘 성전 파괴 이후 페르시아에서 처음 마주하게 된다. 따라서 규범적 금지의 근원을 제의와 관련된 결정적인 사건에서 추정하는 것이 합리적이다. 네부카드네자르의 군대가 기원전 587년 예루살렘을 정복했을 때 야훼 제의 형상을 전리품으로 가져가 재료의 가치 때문에 파괴했거나, 아니면 어떤 다른 이유로 형상이 소실되었다. 그래서 늦어도 기원전 520년 이후로 형상 복구를 계획하면서, 그렇다면 새로운 성소에서 야훼의 현존이 어떻게 제의적으로 실현되어야 하는가라는 물음이 제기되었다. 야훼 형상을 잃은 상태로 두 세대 이상 넘어가는 것은 전승이 중단되는 것과 다름없었다. 이 점에서 유대인들은 시파르에서 샤마쉬 숭배 형상이 파괴된 이후의 바빌로니아의 왕과 비슷한 상태에 놓여 있었다. 우리는 다양한 견해 가운데 하나를 신명기 4장에서 듣는

데, 그것은 고대 중동의 형상 신학을 기초로 하면서도 이를 이스라엘의 기원사와 연결시킨다. 곧 이스라엘과 하나님과의 결정적인 만남을 이야기하는데, 하나님이 자신을 들리게 하지만 보이지는 않게 하신다. 하나님이 그 안에서 자신을 드러낼 수도 있었을 하나님의 모습을 이스라엘은 알지 못하기 때문에 성전에 숭배 형상이 있을 수 없고 있어서도 안 된다. 하나님의 뜻이 열 가지 말씀으로 요약되어 그 자리를 대신한다. 또 하나의 해결책은 스가랴 주변의 제사장 계층에 속한 집단에 의해 제시된다. 이 집단은 새로운 성전에서 하나님의 현존을 상징하기 위해 환상을 통한 하나님의 계시에 의존한다. 일곱 개의 등잔을 가지고 있는 황금 등잔대슥 4:1-5는 이스라엘뿐만 아니라 세계 전체에 현존하는 하나님을 상징한다4:10b. 결국 이 두 구상이 받아들여졌다. 두 번째 성전에는 숭배 형상이 없다. 하지만 일곱 개의 팔을 가진 등잔대가 지성소가 아닌 본관의 남쪽 벽 앞에 세워졌는데, 이것은 우리가 마카베오상 1장 21절, 4장 49절과 요세푸스로부터 아는 것과 같다. 따라서 지성소, 신상을 위한 방은 실제로 비어있었다. "그곳은 완전히 비어있었다 … " 물론 등잔대의 형태 묘사는 스가랴 4장에서 벗어나 출애굽기 25장 31-40절을 따른다. 우리는 그 등잔대를 도미티아누스 시대의 로마 티투스 개선문기원후 90년경에 새겨진 유대와의 전쟁에서 가져온 전리품 가운데 발견할 수 있다. 성전에서는 비교적 신속하게 결정된 것이 집과 가정에서는 점진적으로 실행된 것으로 보인다출 20:23; 34:17. 그렇지만 이제 이방신들의 형상이 계속 문제로 남는다. 마카베오 전쟁 기간에도 그것이 얼마나 인기가 있었는지는 마카베오하 12장 40절에 보고된 관습으로 알 수 있다. 이 구절은 "야므니아의 신상"을 부적처럼 군복 안에 가지고 다녔지만 효과가 전혀 없었다고 전한다.

너는 네 하나님 야훼의 이름을 헛되이 부르지 말라

이 금지 명령은 무엇을 향하는가? 이 명령은 하나님의 이름을 일반적으로 금지하는 것이 아니라 그 이름의 잘못된 사용을 금지한다. 이러한 점에서 이 명령은 당연히 하나님의 이름의 올바른 사용을 전제하며, 애초에 하나님의 이름을 완전하게 부르기를 피하는 유대인들의 관행을 가리키지 않는다. 사실 그 관행은 데칼로그에 근거하지 않는다.

이 금지 명령이 하나님의 이름을 보호하려는 것은 분명하다. 그렇지만 무엇으로부터의 보호인가? 하나님의 이름을 남용하는 모든 방식의 사용에 대한 포괄적 금지 또는 특정한 범죄, 특히 위증의 금지가 이와 관련되어 있다. 루터는 포괄적인 의미를 앞세운다.

> … 우리는 하나님의 이름으로 저주하거나 맹세하거나 마법을 부리거나 거짓말을 하거나 속이거나 하지 않고, 모든 위기 상황에서 그 이름을 부르고 기도하고 찬양하고 감사한다.

맹세와 관련된 해석은 필로와 요세푸스 이래로 유대교가 대표해 왔다. 이 금지 명령과 유사한 예가 구약성경에 없기 때문에 의미의 결정이 쉽지 않다. 따라서 이 금지가 지금의 형태로 특별히 데칼로그를 위해서 만들어졌다는 추측이 유력하다. 하나의 쌍을 이루는 이방신 금지와 형상 금지, 긍정어법으로 쌍을 이루는 안식일을 지키라는 명령과 부모를 공경하라는 명령 사이에 이 금지 명령이 위치하는 것도 이러한 추측을 뒷받침한다. 하나님의 이름을 지키는 것이 저자에게 얼마나 중요했는지는, 데칼로그에서 유일하게 이 금지 명령만이 어떠한 약속 없이 경고만 하고 있다는 점에서 알 수 있다.

여기에는 이름에 대한 고대의 이해가 연관되어 있다. 고대에 이름은 구별하여 가리키는 것 이상을 의미한다. 이름과 그 이름으로 불리는 대상 사이에 본질적인 연관성이 존재한다. 바빌로나아의 세계 창조 서사시 에누마 엘리쉬의 시작 부분에서 이를 볼 수 있다.

> 위에 하늘이 아직 이름 불리지 않았고, 아래 마른 땅이 여전히 이름으로 불리지 않았을 때,… 신들 가운데 단 하나의 신도 아직 나타나지 않았고, 이름이 아직 불리지 않았을 때…

이름이 없는 것은 존재하지 않는 것이고 반대로 이름은 명명되는 것을 대표한다. 야훼와 "그의 이름"이 얼마나 자주 나란히 언급되는지 보라.

> 야훼는 네가 어려울 때 너의 말을 들어주시리라,
> 야곱의 하나님의 이름이 너를 보호하시리라! 시 20:2

이름은 한 사람을 완전하게 대표하기 때문에 그 이름을 부르는 것은 동시에 그 사람을 마음대로 다루는 것을 의미한다. 따라서 이름을 잘못 사용하는 것은 그 이름을 가진 자에게 해를 끼치는 것이다. 모든 마술적 사고는 이름과 사람의 긴밀한 관계에 근거한다. 룸펠슈틸츠헨의 힘은 공주가 그의 이름을 부르자 꺾여버렸다. 이러한 맥락에서 보자면 하나님의 이름을 함부로 부르는 것의 금지는 모든 마술적이거나 자의적인 통제로부터 하나님의 자유를 보호하는 것이다.

이 같은 해석은 첫 계명부터 셋째 계명까지의 사유의 흐름과 완전하게 일치한다. 야훼는 이스라엘을 위해 지금 여기 계신다. 곧 여러 신들 가운데 하나의 신으로서가 아니라 유일한 하나님으로서[I], 제의 형상 안이 아니라[II], 그의 이름 안에[III] 계신다. 이와 같은 맥락에서 이 금지는 생각할 수 있는 모든 남용을 향해 있으며 이를 통해 하나님의 이름의 올바른 사용을 지켜낸다. 따라서 루터의 해석이 전체적인 문맥에 부합한다. 그리고 서언에 있는 하나님의 자기소개 와 그의 이름을 남용으로부터 지키는 것이 연결된다는 점을 고려한다면, 이 문맥은 보다 중요한 점을 제시한다. 하나님의 "나"는 그의 이름으로 "너"와 마주한다. 그러므로 이 금지는 하나님과 사람 사이의 인격적인 만남을 보장한다. 하나님의 이름에 대한 이와 같은 이해는 2세기 고대 교회 기도문에서 두드러지게 나타난다.

> 거룩한 아버지시여, 우리의 마음속에 거처하신 주의 거룩한 이름에 감사드립니다 디다케 10:2.

그러나 이 금지만을 놓고 보면, 이 금지는 매우 구체적인 배경을 가지고 있다. 그 정확한 규정은 위에서 "거짓"으로 번역되는 히브리어 낱말 *šaw'* 가 사용되는 맥락에 의존한다. 이 히브리어 낱말이 "쓸데없이", "헛되이"의 의미를 갖는 시편 127장 1절을 예로 든다면, 이 금지는 하나님의 이름을 무분별하게 부르는 모든 행위를 금지하는 것이다. 그러나 이 금지는 그것의 법적 배경에서 보다 면밀하게 살펴진다. 시편 24장 4절에서 하나님은 성전에서 자신에게 다가오는 것을 다음과 같은 사람에게 허락한다.

> 나를 헛되이 부르지 않고
> 거짓으로 맹세하지 않는 사람.

첫 줄의 표현 형식이 데칼로그의 금지와 일치한다. 둘째 줄은 첫째 줄을 거짓 맹세로 풀이한다. 레위기 19장 12절은 다른 낱말들을 가지고 동일하게 이 금지를 표현한다. "너희는 나의 이름을 가지고 거짓으로 맹세하지 말라!" 모든 맹세는 거짓 맹세에 대한 자기 저주와 연관되어 있었다. 신이 맹세를 지켜보도록 신의 이름을 불렀고 잘못된 경우에 거짓으로 맹세한 사람에게 저주가 집행되었다. 이것은 "야훼가 살아계심에 맹세한다!"_{렘 5:2} 또는 "하나님께서 뜻대로 나에게 이리저리 하시기를, 만약 … !"_{왕상 2:23}과 같은 표현에서도 볼 수 있다. 특히 분쟁이 있는 소유권 주장과 사형에 처해질 범죄 행위에서 거짓 맹세는 치명적인 결과를 가져올 수 있다. 스가랴 5장 1-4절의 날아다니는 저주 두루마리 환상과 8장 17절의 거짓 맹세에 대한 경고는 페르시아 시대 유다에서 드물지 않았던 일에 대한 반응이다. 그때 유다의 새로운 토지 소유자들은 포로로 잡혀갔다가 돌아온 옛 토지소유자들이 소유권 입증하기의 곤란한 점을 부끄러움 없이 이용했고 거짓 맹세로 그들을 집과 토지에서 쫓아냈다.

이러한 구체적인 해석에서도 이 금지는 맹세 자체가 아니라 오직 "야훼의 이름, 너의 하나님을 헛되이 입에 올려 부르지 말 것", 즉 거짓 맹세를 향해 있다. 이것은 거짓 증언의 금지와 중복되지 않는다. 고대 이스라엘에서는 진술을 확증하기 위한 증언 맹세가 특징적으로 나타나지 않기 때문이다. 그렇지만 이 금지가 데칼로그를 위해 만들어진 것이라고 한다면, 가능한 모든 남용뿐만 아니라 언급된 구체적인 해석도 포함하는 포괄적 해석이 우선되어야 한다.

데칼로그가 이 금지를 통해 보호하는 것이 주기도문의 첫 간청에서 긍정적인 표현으로 나타난다. "하늘에 계신 우리 아버지 이름이 거룩하게 여겨짐을 받으시옵소서!"마 6:9. 이 독특한 표현은 이사야 29장 23절에 이미 마련되어 있으며, 오늘날 유대인의 일상에서 큰 역할을 하는 탈무드에 전해 내려오는 기도 카디쉬에서도 발견된다.

안식일을 기억하여 거룩하게 하라

우리는 밤과 낮의 교차, 칠일 한 주간의 규칙적인 흐름, 해의 순환에서 시간을 경험한다. 날과 해는 태양의 운행에 따른 자연의 결과다. 그러나 일주일은 자연의 흐름에 근거하는 것이 아니라, 휴식하는 일곱째 날을 다른 여섯 날과 구별하는 것을 가지고 정한 전적으로 인위적인 구분이다.

인류의 대부분유대인, 그리스도인, 무슬림 또는 무신론자 모두 마찬가지로은 매주 하루 노동 없는 날을 즐긴다. 더욱이 많은 곳에서 법적으로 인정되는 권리이기도 하다. 주간의 규칙적인 흐름과 노동 없는 하루는 궁극적으로 안식일과 그보다 더 오래된 성경에서 근원한다.

성경에서 안식일 계명은 가장 자세하게 설명되었을 뿐만 아니라 가장 광범위하게 확인되는 데칼로그의 계명이다. 이 두 특징이 안식일 계명의 중요성을 강조한다. 여기서 주목할 점은 유다 멸망 전에는 매주 안식일과 명시적인 안식일 계명이 확인되지 않는다는 것이다. 그런데 그 이후 오히려 주요 계명으로 부상한다느 9:14. 형상 없이 유일한 하나님을 숭배하는 것과 함께 안식일은 이스라엘만의 특징이다. 안식일이 그렇게 될 수 있었던 이유는 안식일 계명의 준수가 땅 소유나 성전 제의와 결부되어 있지 않았던 점에 있다. 따라서 안식일은 본국을 벗어나서도 지킬 수 있었다. 이것은 재건된 성전에서 제의를 통해 안식일을 기념했다는 사실을 배제하지 않는다민 28:9-10.

안식일 계명은 출애굽기 20장 8절에서 이날을 "기억하라"는 촉구와 함께 등장한다. 이것은 출애굽기 13장 3절 이하의 후기 제사장 전통의 유월절 규정에 대한 요약을 떠올리게 하고 안식일을 절기에 가깝게 한다. 안식일을 "거룩하게 하라"는 촉구 또한 제사장 전승의 정신을 나타낸다. 안식일을 거룩하게 하라는 것은 반복되는 주간 노동으로부터 일곱째 날을 떼어 놓으라는 의미다. 이것은 특별한 행위와 의식을 통해 이루어지는 것이 아니다. 그보다는 "일"을 하고 어떤 것을 생산하는 행위를 멈추는 것에서 안식일의 특별함이 드러난다. 이때 9절이 나머지 엿새 동안 일을 하라는 지시로 읽혀서는 안 된다. 일곱째 날에는 일이 멈춰져야 하므로 일이 당연한 것으로 언급될 뿐이기 때문이다. 따라서 문맥에 맞는 번역이 바람직하다. **"엿새 동안은 네가 일을 해도 좋다!"**

열 가지 말씀 가운데 유일하게 안식일 계명은 정의를 담고 있다. "일곱째 날은 너의 하나님 야훼를 위한 안식일이다." 일반적으로 정의되는 것은 알려지지 않은 것이다. 그런데 이미 8절에서 안식일이 잘 알려져 있는 것으로 소개되고 있다. "안식일을 기억하여 거룩하게 하라!" 청자는 안식일이 무엇인지 분명히 알고 있다. 그러나 안식일을 일곱째 날과 동일시하는 것은 알려지지 않은 새로운 것으로 보이는데, 이것을 정의가 수행한다. 이는 안식일을 초하룻날과 함께 언급하는 본문들에서 확인할 수 있다.

절기의 기쁨과 제물이 두 날 모두에서 나타나지만사 1:13 과 애 2:6 참고 일의 금지는 두 날과 연결되어 있지 않다. 두 날은 신탁을 받기에 길한 날로 여겨진다왕하 4:23. 따라서 100여 년 전 요하네스 마인홀트가 주장한 가설이 오늘날에도 설득력을 갖는다. 곧 처음에 안식일은 달 주기의 한 날, 보름달이 뜨는 15일이었다는 것이다. 보름달과 연관된 명절은 시리아 지역 다른 곳에서도 확인된다. 보름날이 신아시리아 문헌에서 *šap/battu*로 불렸다는 점 또한 안식일과 보름날이 같았다는 주장의 근거가 된다. 히브리어 명사 *šabbat*이 *šap/battu*와 유사성이 있다는 것은 분명하다. 러나 보름달—안식일과 일곱째 날은 본래 서로 연관이 없다. 29½인 달의 주기와 일주일을 일치시킬 수 없기 때문에 그것은 가능하지도 않다.

이스라엘에서는 예부터 일곱째 날을 특별한 날로 여겼다. 그렇지만 일곱째 날은 적극적인 제의적 내용을 갖지 않고, 절기로 지켜지는 것도 아니며, 단지 일의 절대적인 금지를 특징적으로 나타내는 것이다. 여기에 일치하는 출애굽기 23장 12절과 34장 21절의 규정들에는 명사 Sabbat이 아니라 동사 *šabat*이 나타난다. 이 동사는 "안식을 지키다" 또는 "휴식하다"가 아니라 활동이나 일의 끝을 의미한다. 예를 들면 씨뿌리기와 수확하기는 "중단되지" 않을 것이지만창 8:22, 이스라엘이 약속의 땅에 도착한 후에 만나는 "그쳤다"호 2:13, 압제자가 "사라졌다"사 14:4 또는 하나님이 "그들의 모든 기쁨, 절기, 초하룻날과 안식일과 모든 명절들을 폐하실" 것 호 2:11 등을 나타낸다. 일곱째 날 일의 금지를 통해 엿새에 하루를 더한 일주일이 확립된다. 일곱 날의 리듬은 모든 자연 현상으로부터 완전히 벗어나 있다. 지금까지 알려진 바에 따르면 이것은 전체 고대 세계 가운데 오직 이스라엘에서만 발견된다.

데칼로그에서 안식일 계명은 안식일을 일곱째 날 일의 금지와 결합시키고 매주의 휴일로 만듦으로써 옛날에 안식일로 불리던 보름날을 새로 정의한다. 이 정의는 일찍이 달의 주기에 맞춘 안식일을 자연의 영역에서 끄집어내어 정확히 이스라엘의 하나님에게 복속시킨다. 이제 일곱째 날의 안식일은 "야훼를 위한 안식일"이다. 이를 위해 안식일 계명은 두 가지 옛 규정들로부터 표현들과 중요한 내용적 강조점들을 받아들인다.

출애굽기 34장 21절에서 일곱째 날 일의 금지는 사람이 하는 일의 중지를 강조한다. 고대 세계 일반과 마찬가지로 이스라엘에서 노동은 근본적으로 농사를 짓는 일이었다.

이는 ʿabad로 묘사되는 에덴동산에서의 아담과 이브의 활동창 2:15 그리고 아벨과 구별되는 카인의 활동3:17-19에서 알 수 있다. 노동은 사치를 위한 것이 아니라 생존을 보장하는 것이었다. 모든 사람은 경작하고 추수하는 가장 바쁜 시기에도 일곱째 날 하루 동안 삶을 위한 일을 멈추고 생존을 하나님의 손에 맡겨야 한다.

엿새 동안 너는 일을 할 수 있지만ʿabad,
일곱째 날에는 일을 멈추어야 한다šabat.
경작과 추수를 하는 중에도 멈춰야 한다!

이에 반하여 출애굽기 23장 12절의 규정은 처음으로 일곱째 날을 휴식일로 만든다. 그 규정의 목적이 억눌려 있는 사람들의 숨 돌리기임을 명백하게 언급하기 때문이다.

엿새 동안 너는 너의 일을 할 수 있지만,
일곱째 날에는 일을 멈추어야 한다šabat.
그래야 너의 소와 나귀가 쉬고
네 여종의 아들과 이방인이 숨을 돌릴 수 있다.

"쉼"은 생존을 위한 일을 하루 동안 손에서 놓는 것을 넘어서 숨을 가다듬고 다시 힘을 얻어 회복하는 것을 의미한다. 여기서 일곱째 날은 명백히 하나님이 자신의 피조물들에게 허락한 은혜다. 이 은혜는 스스로 숨 돌리기를 할 수 없는 사람들에게 도움을 준다. 그리고 일의 도구들가축과 딸려있는 사람들, 심지어 사회적 신분이 낮고"여종의 아들" 권리가 없는 사람"이방인"에게도 도움을 준다.

이러한 요소들로 형성된 안식일 계명은출 23:12와 같이 일곱째 날 일의 금지를 보다 확고히 한다. "아무 일"이 농사짓는 일을 넘어서 모든 활동을 배제하는 것이 분명하기 때문이다. 덧붙는 자세한 목록은 집안 살림에 맞춰 안식일에 일이 금지되어 있는 모든 노동력을 안에서부터 바깥으로 면밀하게 확인한다. 아내는 제외된 것이 아니라 맨 앞에 불린 "너"에 포함되어 있다. 이방인 또는 보호민이 노동력에 포함되는데, 이들이 공공 작업에 동원될 수 있었기 때문이다신 29:10. 이 목록은 "너의 가축"이라는 핵심어 아래에서 안식일에 생산도구에 의해 행해지는 노동도 포함한다.

안식일 계명은 나중에 덧붙은 근거로 마무리된다. 더 오래된 것으로 여겨지는 근거신 5:15는 이집트 노예 상태에서 이끌어 내심에 대한 기억을 일깨운다. 그러나 안식일과 함께 매주 상기되는 해방의 잠재력은 현재적 상황에 국한되지 않고 끝없는 자유에 대한 희망을 불러일으킨다. 이러한 이유로 랍비 유대교는 세계와 역사를 "영원한 안식을 위한 예비일"로 해석한다.

나중에 덧붙은 근거_{출 20:11}는 일주일이라는 시간 질서의 기초가 되는 세상 창조 때의 하나님을 전형으로 가리킨다. 곧 하나님은 일곱째 날에 "그가 하셨던 그의 일"을 모두 완성하시고 "멈추신다"šabat. 그리고 이날을 나머지 엿새와 영원히 "그가 그날을 축복하신다" 구분하신다 "그리고 그날을 거룩하게 하신다". 창세기 2장 2-3절의 창조 이야기의 결론은 "안식일"이라는 개념을 언급하지 않고 완전히 안식일 계명의 용어에 기반을 둔다. 출애굽기 20장 11절의 안식일 계명의 근거는 명백히 창조 이야기와 연관되어 있지만, 여기서 "멈추다"는 "쉬다"를 의미한다. 안식일은 매주 하나님의 휴식에 참여할 수 있게 해주는데, 이 휴식은 창조의 완성으로서 세계에 깃들어 있다.

네 부모를 공경하라

십계명 가운데 이 계명처럼 억압적인 교육의 수단으로 남용된 것은 없었다. 그 대부분은 부모의 권위를 세우는 데 이용되었다. 그렇게 성장기의 자녀들에게 자녀의 순종보다 더 부모를 공경하는 것은 없다고 엄하게 가르쳤다. 이때 데칼로그를 받는 사람이 누구인지가 의도적으로 간과되었다. 성장기의 자녀에게는 아내나 자녀나 노예도 없고, 그들은 보통 집과 농장을 가지고 있지 않다. 따라서 이 계명은 성장기의 자녀들을 향한 것으로 보기 어렵다. 의심의 여지 없이 이 계명은 자녀들에게 적용되지만, 그들 자신이 부모이거나 적어도 부모가 될 자녀들에게 적용된다. 성인이 된 자녀들이 이 계명을 받는 대상이라는 것은 이 계명을 나이 든 세대를 기본 전통의 전달자로서 존경하라는 요구로 해석하기 어렵게 만든다. 데칼로그가 명령하는 대상은 더 이상 가르침이 필요 없다. 따라서 100년 전에 카스피리가 이미 제안한 해석이 여전히 설득력을 갖는다. 곧 이 계명은 성인이 된 자녀들과 그들의 늙은 부모와의 관계를 염두에 둔다는 것이다.

이 계명을 받는 자들에게 "공경하다" *kibbed* 는 무엇을 뜻하는가? 이 동사는 "누군가를 중요하게 인정하다"는 의미를 지닌다. 존경은 공허한 말이 아니라 오늘날 "답례"라는 낱말에서 볼 수 있듯이 매우 구체적으로 나타내는 것이다. 이는 성경의 세계에서도 다르지 않다. 발람은 선물을 받기로 되어 있었다 민 22:17-18. 의사는 보수를 받아야 한다 집회 38:1. 하나님께는 제물을 드려야 한다 잠 3:9. 게다가 "공경하다"를 뜻하는 히브리어 낱말은 어떤 행위의 시작을 나타내지만 시작과 동시에 전체를 고려할 수 있는 동사들에 속한다. 사랑하다가 신실하다는 것을 포함하듯이, 욕망은 어떤 것을 실제로 차지하기 전에 끝나지 않듯이, 공경하는 것은 한 번으로 그치는 것이 아니라 — 지속적으로 — 그야말로 "존귀하게 모시는 것"이라고 할 수 있다 사 58:13에 있는 안식일도 그러하다.

아쉽게도 성경에는 부모에 대한 긍정적인 태도를 구체적으로 언급하는 본문이 없다. 그것은 가끔 언급되는, 성인 자녀가 나이 든 부모에게 잘못한 행동에서 유추할 수 있다. 부모를 공경하는 것은 "때리다" 출 21:15, "저주하다" 출 21:17; 잠 20:20, "경멸하다" 신 27:16, "조롱하다" 잠 30:17, "업신여기다" 잠 23:22, "도둑질하다" 잠 28:24에 반대되는 것을 말한다. 특히 유의미한 것은 잠언 19장 26절이다. 여기에서는 마침내 노인들에게서 벗어나그자 하는 궁궐의 상황이 암시되는데, 그들에게 "폭력을 가하고" 그들을 "쫓아낸다." 잠언 23장 22절도 나이 든 부모를 염두에 두고 있다. "너를 낳은 아비에게 청종하고 네 늙은 어미를 경히 여기지 말지니라." 앞의 두 본문처럼 더 이상 스스로 돌볼 수 없어 성인이 된 아들들에게 의존하는 나이 든 부모의 형편에서 이 계명의 특징이 선명하게 나타난다. 보험이나 노후 연금을 알지 못하는 사회에서 부모를 계속 공경하라는 계명은 더 이상 일할 수 없는 부모에 대한 돌봄을 확고히 한다.

이 해석은 수많은 고대 근동 본문들을 통해 확인된다. 특히 유언과 입양 계약서에서 유산을 남기는 사람에 대한 평생 정중한 행동과 충분한 돌봄이 중요하게 다루어진다. 기원전 1400년경 누지에서 나온 입양 계약서에는 입양되는 후티야가 그의 양아버지에게 다음과 같이 약속한다.

하다두가 살아 있는 한 후티야는 그를 정중하게 대할 것이다. 후티야는 해마다 그의 의복을 위해 옷감, 다섯 이메루_{= 당나귀의 적재량}의 보리, 두 이메루의 밀을 식량으로 하다두에게 줄 것이다. 하다두가 죽으면 후티야는 그를 애도하고 장사할 것이다.

이는 기원전 2천 년 무렵 시리아의 항구도시 우가릿에서 아들이 갖는 의무들과 거의 일치한다. 거기에서도 조상들에게 제사를 지내고, 아버지의 명예를 지키고, 술에 취한 아버지를 보호하고, 성전 제사 의식에서 아버지를 돕고, 아버지의 집 지붕을 수리하고, 아버지의 옷을 세탁하는 것이 성인이 된 아들의 일이다.

부모 공경 계명을 노인 부양의 의미로 해석하는 것은 유대교에서 오래된 전통이다. 가장 이른 명시적 증거는 기원전 2세기에 나온 집회서 3장에 있다.

12 애야, 네 아버지가 나이 들었을 때 잘 보살피고 그가 살아 있는 동안 슬프게 하지 마라.

13 그가 지각을 잃더라도 인내심을 가지고 그를 업신여기지 않도록 네 힘을 다하여라. …

16 아버지를 버리는 자는 하나님을 모독하는 자와 같고 자기 어머니를 화나게 하는 자는 주님께 저주를 받는다.

이러한 배경에서 데칼로그에 첨부된 축복이 설명된다. 이 축복은 아들들에게 자신들의 땅에서 노년의 운명을 직접 보게 함으로써 부모 부양의 동기를 유발한다. 네 부모에게 한 대로 너는 받을 것이다. 이런 점에서 이 계명은 부모와 자녀에게 향한다. 어린 자녀는 자신의 부모가 성인으로서 늙은 부모에게 어떻게 대하는지를 경험하기 때문이다. 이것을 기원전 4세기에 가칭 기소크라테스가 데모니코스에게 하는 훈계에서 다음과 같은 격언으로 정리했다.

너는 네 자녀가 너에게 행하기를 바라는 대로 네 부모에게 행하라.

살인하지 말라

이어서 나오는 세 개의 짧은 금지는 우리에게 특별한 문제들을 제기한다. 이미 그 순서가 서로 다르게 전해 내려오고 있기 때문이다. 히브리어 성경에서의 순서는 우선 생명을 보호하고, 그런 다음 가정을 그리고 마지막으로 재산을 보호한다. 그리스어 번역 성경인 70인역에는 간음이 먼저 나오고 도둑질과 살인 출 20장이 뒤따르거나 살인과 도둑질 신 5장이 이어진다. 70인역은 부모에서 혼인관계로 이어지는 가정에 중점을 두고 가정을 내부 부모-자녀와 외부 간음의 위협으로부터 보호한다. 이 짧은 금지들은 자세한 규정들이 결여된 부정의 동사로 이루어져 있기 때문에 풀이하기 쉽지 않다. 어떤 살인이 금지되어 있는가? 어떤 특정한 경우에는 살인이 허락되는가? 자살은 어떠한가? 정당방위는? 그 딜레마는 제1차 세계대전 당시의 일선 병사들을 위한 교리문답에 있는 살인 금지 명령을 읽으면 곧 분명해진다. 거기엔 다음의 주석이 있다. "전쟁의 경우에는 적용되지 않는다."

살인 금지에서 동사의 선택 자체가 이미 의미를 갖는다. 비교적 드물게 사용되는 동사 *raṣach* 는 어떤 맥락에서 나오는가? 하나님은 이 동사의 주어로는 단 한 번도 나오지 않고, 항상 사람만이 주어가 된다. 목적어 역시 언제나 사람이고 동물은 전혀 해당되지 않는다. 이 동사는 구약성경에서 정당방위출 22:1, 전쟁, 사형 집행에는 사용되지 않는다. 전쟁에서 사로잡은 사람들을 신에게 바치기 위해 죽일 때에도 "헤렘" 이 동사는 사용하지 않는다. 전쟁에서 죽이는 것, 자살, 나아가 이 동사의 목적어로 결코 나타나지 않는 동물을 죽이는 것도 이 금지의 영역 밖에 놓여있다. 데칼로그는 유대인들 사이의 관계를 규율하기 때문이다. 몇몇 자살 곧 아비멜렉삿 9:54, 삼손삿 16:28-30, 사울과 그의 병

기 든 자삼상 31:4-5, 현명한 참모 아히도벨삼하 17:23의 경우
에는 이해와 동정을 언급한다. 열왕기상 16장 18절에서
시므리의 죽음에만 추가적으로 "그의 죄에 대한 벌"이라
는 부정적인 평가가 나온다.

오직 이 동사의 이와 같은 사용으로부터 현대의 법의식
에서 중요한 고의로 저지른 행위와 의도하지 않은 행위
의 구별이 도출된다. 후대의 도피 관련 규정들에서는 동
사 *raṣach*가 모든 살해를 포괄하는 개념으로 사용된다. 여
기서는 그 살인이 의도하지 않은 "실수로" 일어났든지신
19:4-7에서처럼 또는 의도한 살해이든지 상관하지 않는다민
35:16-21에서처럼. 그러나 이와 관련하여 데칼로그의 살인
금지는 분명하다. 모든 금지 명령은 그것을 받는 사람들에
게 윤리적인 결정을 요구하기 때문에, 살인 금지는 경우에
따라 과실치사를 포함하여 고의적인 살해를 대상으로 하
며 의도하지 않는 살해는 고려하지 않는다. 게다가 *raṣach*
로 표현된 살인은 몇몇 본문에서 잔인함삿 20:4, 교활함시
62:4과 결합된다. 이는 70인역으로 거슬러 올라가는 이 금
지에 대한 번역 "너는 살인하지 말라!"를 받아들이는 근거
가 된다.

그러나 살인 금지에는 간접적인 방법으로 죽음을 불러

139

오는 모든 행위도 포함된다. 이는 합법적인 외양을 띠거나 다른 사람이 살인하도록 방조하는 것을 통하여 일어날 수 있다. 열왕기상 21장 19절에서 엘리야는 왕이 "살해했다"고 비난한다. 왕은 나봇에게 손을 대거나, 그의 죽음을 계획하거나, 위임하거나 하지 않았다. 단지 아내 이세벨의 계획을 저지하지 않았다.

그러므로 데칼로그의 살인 금지로는 채식주의 생활방식을 정당화할 수 없고, 사형제도에 반대하거나 민족들 간의 평화를 촉구하는 근거로 삼을 수도 없다. 그러나 이 금지는 확장 과정의 시작점에 위치한다. 확장은 나중의 본문들에 있는 작은 변화들에서 알 수 있다. 레위기 24장 17, 21절의 법규들은 살인 행위의 대상을 이스라엘에서 인간으로 대체함으로써 생명의 보호를 민족의 경계를 넘어 모든 사람에게로 분명하게 확장한다. 마침내 창세기 9장 6절에서 사람의 그 어떤 "피 흘림"도 법정 최고형에 처한다.

다른 사람의 피를 흘리면
그 사람의 피도 흘릴 것이니
이는 하나님이 자기 형상대로 사람을 지으셨음이니라.

사람의 생명에 대한 보호는 이스라엘뿐만 아니라 노아의 모든 아들들, 곧 땅 위의 모든 사람에게 적용된다. 보호의 근거는 하나님이 모든 사람에게 그의 형상이 되는 존엄성을 부여하셨다는 데 있다. 다만 성경의 다른 곳에서 전쟁이 전제되어 있듯이, 여기서 사형이 당연하게 전제되는데, 생명의 보호는 사형제도에도 영향을 미친다. 비로소 메시아가 무기 없이 평화를 만들어 내고슥 9:9-10 결코 비폭력적이지는 않다고 할지라도 정의를 실현할 것이다사 11:1-5.

간음하지 말라

우리는 간음을 배우자 중의 한쪽이 다른 한쪽을 배신하는 것으로 생각한다. 이는 남편이나 아내 또는 둘 다일 수도 있다. 우리의 문화권에서 결혼은 상호성에 기반을 둔 제도다.

그러나 성경과 성경에 반영된 세계에서 부부관계는 상호성에 근거하지 않는다. 이는 "아내"를 뜻하는 히브리어 낱말에서도 이미 엿볼 수 있다. 아내는 "남편주인에게 예

속된 자"를 말한다. 여자는 결코 "남자를 취하거나 결혼하
는" 존재가 아니라 항상 "시집 보내는" 대상이었다. 이러
한 고대 이스라엘에서의 "간음"은 무엇을 뜻하는가? 출애
굽기 22장 15-16절과 신명기 22장 28-29절은 한 남자가
아직 약혼하지 않은 젊은 여자와 동침하거나 그를 성폭행
하는 경우를 다룬다. 둘 다 비난받지만, 무엇보다도 여자
의 아버지에게 신부값을 주는 것으로 처벌받지만 간음으
로 표현되지 않는다. 젊은 여자의 가족법적 상태가 "결혼
하지 않음"으로 정확하게 규정되는 반면에 남자의 혼인
관계는 전혀 중요하지 않다. 그는 결혼했을 수도 아닐 수
도 있다. 분명한 것은 여자의 혼인 관계가 간음에 대한 판
단에서 결정적이라는 점이다. 이미 약혼이나 결혼을 한 여
자가 다른 남자와 관계를 맺은 때에만 간음으로 다루어진
다레 20:10; 신 22:22 참고. 그에 따라 결혼한 여자는 다른 남자
와 관계를 가짐으로써 혼인 관계를 파기하게 되고 그에 대
한 책임을 지게 되지만, 남자는 그가 기혼이든지 미혼이든
지 상관없이 타인의 혼인 관계를 깨뜨렸을 때만 법적인 처
분을 받는다.

　왜 고대 이스라엘에서 간음이 그렇게 엄하게 처벌되는
가? 고대에서는 어머니의 혈통은 당연히 확인할 수 있었

지만 아버지의 혈통은 확인할 수 없었다. 그래서 여자의 간음은 남자의 간음보다 더 심각한 결과를 가져왔다. 남자는 사생아를 자신의 결혼 관계 밖에서 키울 수 있는 반면에 여자는 사생아를 자신의 결혼 관계 안에서 낳는다. 따라서 간음 금지는 불법적인 상속권자들로부터 가족을 보호한다. 이 금지는 도덕적 의미에서 결혼 생활의 신실함이 아니라 법적 안정을 목표로 한다. 법적 안정은 가족의 토지에 의존하는 대가족의 생존에 기여한다. 모든 가족 구성원의 운명은 죽음 이후에도 대가족에 연결되어 있다. 아들은 죽은 자들을 돌보는 일을 떠맡는다. 가족무덤은 가족의 땅에 있다. 대가족 안에서 살아 있는 자들과 죽은 자들이 서로 결합되어 있어서 죽은 사람은 글자 그대로 그들의 자녀들 안에서 계속 살아간다. 간음 금지는 이러한 배경에서 이해해야 한다.

두 가지가 모든 문화적 차이를 넘어 우리의 결혼에 대한 이해를 고대 이스라엘의 결혼에 대한 이해와 연결한다. 그 당시에는 결혼이 오늘날보다 훨씬 더 중요한 삶의 양식이었지만, 그래도 해체될 수 없는 관계로 여기지는 않았다 호 2:2. 간음 금지는 이혼법과 상관이 없다. 이혼의 권리는 물론 ─ 메소포타미아에서와는 달리 함무라비 법전 §§137-143 ─

남자에게만 그리고 그가 심각한 이유를 들 수 있을 때만
주어졌다. 남자는 이혼당한 여자에게 재혼할 수 있는 권리
를 주는 "이혼 증서"를 써 주었다 신 24:1-4. 지금과 마찬가지
로 결혼은 당시에 이미 개인의 일이 아니었다. 결혼은 공
원 벤치가 아니라 가족관계등록 행정부서에서 성립한다.
고대 이스라엘에서도 결혼은 개인의 일이 아니었고, 간음
이 가정뿐만 아니라 사회를 위태롭게 한다는 것은 신명기
22장 22-24절에서 간음을 돌로 쳐 죽이도록 한 처벌 규정
으로 알 수 있다. 이 공개 처형에는 그곳에 사는 모든 사람
이 참여해야 했다 신 22:21. 그런 일이 얼마나 자주 일어났는
지는 알 수 없다. 아무튼 성경은 돌로 쳐 죽이려던 한 위협
만을 이야기하는데, 예수가 그것을 막는다. "너희 중에 죄
없는 자가 먼저 돌로 치라" 요 8:7.

도둑질하지 말라

도둑질은 사소한 범죄가 아니다. 자유민의 삶의 기반이 파
괴되기 때문이다. 프랑스혁명에서도 이러한 인식이 존재
했다. 1789년 인간과 시민의 권리 선언은 "자유, 재산, 안

전, 억압에 대한 저항"을 "자연적이고 불가결한 인간의 권리들"로 꼽는다 제2조. 성경에서 도둑질을 얼마나 심각한 범죄로 여기는지는 다양한 범죄어 대한 처벌 수준을 보면 알 수 있다. 사람출 21:16 등과 하나님의 소유수 7장를 훔치면 훔친 사람은 죽음으로 처벌받는다. 가축이나 물건을 훔치면 두 배로 갚아야 한다출 22:1-8. 심지어 훔친 가축을 이미 도살했거나 팔았으면 4배에서 5배까지 갚아야 한다출 21:37. 다만 이러한 처벌은 함무라비 법전의 처벌에는 미치지 못하며, 성경에는 훔친 사람의 신체 훼손도 나오지 않는다.

도둑질하지 말라는 계명은 다른 사람의 이동 가능한 재산 훔치기를 금지한다. 사사기 17-18장은 미가라는 사람이 어떻게 자기 어머니의 적잖은 양의 은을 훔치는지, 여호수아 7장은 아간이 어떻게 하나님에게 바쳐진 전리품에 손을 대는지 알려준다. 훔친 물건은 일정한 최저 가치를 가져야 한다. 그렇지 않으면 생계형 절도가 된다신 23:25-26; 막 2:24. 물품은 집 안출 22:1-2, 7이나 사람의 수중에 출 22:7, 11; 창 31:39 보관되어 있어야 한다. 이는 도둑질을 횡령이나 유실물 습득과 구별한다. 그밖에 강도질에 폭력이 필수이듯이 도둑질에는 은폐가 필수다삼하 21:12. 그러나 도둑질의 동기는 무엇이든 상관없다. 매우 고귀한 동기라 할지라도 비난받을 행위라는 점에서는 달라지는 것이 없기 때문이다.

다른 두 가지 간단한 금지 명령처럼 도둑질 금지는 목적어 없이 표현된다. 이 점에서 한때 알브레히트 알트가 제기하고 그 이후로 널리 알려진 주장, 곧 데칼로그는 본래 노예로 삼기 위한 사람 도둑질창 38:25-28 참고을 금지했다는 것이 반박된다. 만약 그렇다면 이 금지는 오늘날 납치 감금에 해당하는 범죄에 가장 가까웠을 것이다. 그러나 "훔치다"라는 동사만으로 이러한 특별한 의미를 끌어낼 수 없다. 사람 도둑질에 관한 것이라면, 항상 해당하는 목적어를 통해 분명하게 확인되거나출 21:16, 요셉이 팔리는 이야기처럼 문맥에서 명확해진다창 40:15. 대부분의 경우 이 동사는 가축이나 물건을 훔치는 데 사용된다. 구체적인 사례에 기반을 둔 법규와 달리 데칼로그의 목적어 없는 금지는 모든 도둑질로 확장됨으로써 사람의 납치 감금을 포함하게 된다. 그리고 은폐와 이동 가능한 재산으로 제한한다는 점에서 이 금지는 데칼로그의 마지막에 나오는 탐심 금지와 구별된다.

네 이웃에 대하여 거짓 증거하지 말라

마지막 세 금지 명령은 "이웃", 즉 바로 곁에 있는 사람을 언급함으로써 서로 연결되는데, 이웃에서 자기의 자유는 한계를 갖는다. 그 금지들은 매우 구체적인 삶의 영역에 해당한다. 그러나 이러한 점이 늘 충분히 고려되지 않았다. 루터의 표현 "거짓 증언하지 말라"와 그에 대한 해석은 교육적인 적용을 자주 일반적인 거짓말 금지 쪽으로 이끌었다. 그러나 성경에는 거짓말에 대한 일반적인 금지가 없다. 단지 에베소서 4장 25절에서 "거짓을 버리고 각각 그 이웃과 더불어 참된 것을 말하라"라고 명령하는데, 이는 자신의 공동체 안에서만 유효하다"이는 우리가 서로 지체가 됨이라".

거짓 증거하지 말라는 금지는 본래 무엇을 말하는가? 이것이 나타내는 표현법은 재판 절차에서 유래한다. "반대 증언"은 증인 출석을 가리키는 관용적 개념이다출 23:2. 거짓말로 증언하는 사람은 "거짓 증인"으로 표현된다잠 6:19. 신명기 5장 20절에서 "거짓"으로 번역된 낱말도 출애굽기 23장 1-2, 7절에 있는 소송법에서 나온 것이다. 거짓 증인의 손에 생명이 걸려 있는 사람에게 화가 있을 것이다. "자기의 이웃을 쳐서 거짓 증거하는 사람은 방망이요 칼이요 뾰족한 화살이니라"잠 25:18. 이러한 상황에서 거짓말이 폭력 행위를 일으킬 수 있기 때문에 거짓 증인을 "폭력적인 증인"이라고도 한다출 23:1. 나중에 거짓 고발을 막기 위해 사형 판결에서 두 명 이상의 증인의 증언을 의무화하고 사형 집행에 증인들이 참여하도록 했다신 17:6-7; 19:15. 따라서 거짓 증언의 경우에 거짓 증인들은 — 언젠가 — 그들에게 영향을 미치게 될 피의 죄과를 스스로 짊어지게 될 것이다잠 19:5. 그렇지만 나봇왕상 21장과 예수막 14:53-59의 재판에서 볼 수 있듯이, 두 명 이상의 증인 규정이 잘못된 판결을 막을 수는 없었다.

거짓 증언에 대한 금지에서 "거짓"을 나타내는 히브리어 낱말 *šäqär*는 진술과 사실의 불일치를 의미하는 *käzäb*와 달리 이웃을 공격하고 공동체를 해치는 공격적이고 사회에 해가 되는 거짓말의 영향을 나타낸다. 거짓된 사실을 퍼뜨리고 근거 없는 고소를 함으로써 거짓말을 하는 *kizzeb* 사람은 증인으로서 신의를 배반하는 것이다*šäqär*. 공동체의 삶이 근거하는 신뢰와 믿음을 저버렸기 때문이다잠 14:5. 법률 사건에서 이웃에 대한 거짓 증언 때문에 진술을 금지하는 명령은 이웃에게 해를 입히는 거짓말의 공격적인 영향을 염두에 두는 것이지, 그 수단이 되는 부정확한 진술들 *kᵉzabim* 을 두고 한 명령이 아니다. 강조점은 진실을 사랑하는 개인의 덕목보다는 공적인 영역에서 파괴된 공동체의 삶을 다시 바로잡는 진실의 힘에 있다.

신명기 5장 20절은 재판 절차에서 사용하는 표현인 "거짓 증인"을 "기만적인/무효의 증인"으로 대체함으로써 증인과 이웃의 관계에서 벗어나 증인의 자질에 보다 집중한다.

탐내지 말라

탐심에 대한 금지와 함께 도둑질과 간음은 새로운 시각으로 나타난다. 그에 따라 예수는 산상수훈에서 급진적인 해석을 제시한다.

또 간음하지 말라 하였다는 것을 너희가 들었으나 나는 너희에게 이르노니 음욕을 품고 여자를 보는 자마다 마음에 이미 간음하였느니라 마 5:27-28

이러한 강화된 해석의 방향은 물론 이전에 마련되었다. 70인역은 히브리어 동사 *ḥamad*를 단지 내적인 욕망으로 이해하고 그에 걸맞게 "탐하다"*epithymein*로 번역했다. 스토아 철학의 영향 아래 이 금지는 필로와 헬레니즘 유대교에서 탐욕과의 전쟁을 이겨내라는 이성에 대한 호소의 성격을 지닌다. 탐하지 말라! 마카베오기 제4서 2장 2-4절에서는 보디발의 아내가 불러일으키려고 시도하는 탐심을 자신의 이성으로 다스린 요셉을 성공적인 본보기로 제시한다 창 39:11-18. 나아가 바울은 이러한 방향에서 목적어가 없는 금지를 가지고 전체 율법의 의도를 요약할 수 있었다 롬 7:7. 이 동사가 모든 가능한 행위를 탐심의 결과로 파악하도록 하기 때문이다. 이러한 특징으로 이 금지는 아우구스티누스 이후로 그리스도교 서구 세계에 지속적인 영향을 주었다. 그러나 그것이 본래의 의미에 맞는가?

동사 *ḥamad*는 우선 눈의 정념과 관련된다. 이 동사가 어떤 사물이나 사람의 겉모습을 향하고 있기 때문이다. 더 나아가 자주 "빼앗다" 또는 "강탈하다"와 같은 범죄 행위를 나타낸다 창 3:6; 수 7:21 참고. 그래서 "~을 노리다 또는 탐내다"게르하르트 발리스로 번역하는 것이 가장 적합할 것이다. 그러나 동사 *ḥamad*는 욕망뿐만 아니라 계획과 실행의 모든 행위를 포괄할 수 있다. 따라서 이 금지는 마음가짐, 죽음, 행위와 관계된다. 동시에 "~을 탐내다"는 이웃에게 속한 것을 부당하게 차지하거나 적법하지 않게 사용하는 것을 목표로 한다.

두 개의 마지막 금지는 도둑질과 간음에 대한 금지와 어떻게 다른가? 도둑질 금지와는 달리 탐심 금지는 집과 같은 부동산에도 해당한다. 나아가 이웃의 전 재산, 곧 자유 시민으로서의 실존을 빼앗는 모든 합법적인 가능성을 포함한다. 이와 관련하여 나봇의 포도원과 같은 경우왕상 21장를 생각할 수 있다. 또 채무노예제도와 고리대금업암 5:10, 12; 미 2:2에 대해서도 생각할 수 있다. 마지막 두 가지 금지는 열거한 대상과 함께 이웃의 생계 기반과 그의 자유를 위한 물질적 기초에 속하는 것을 보호하기 위한 것이다.

간음 금지와는 달리 탐심 금지는 일시적인 행위들을 염두에 두는 것이 아니라 다른 사람의 아내를 지속적으로 차지하려는 모든 음모를 금지한다. 다윗과 밧세바를 생각할 수 있다삼하 11장.

신명기 5장 21절의 마지막 금지에는 다른 동사가 사용된다. 여기서 "갈망하다"*'awah*가 외적으로 수행하는 "~을 탐내다"에 비해 보다 내적 추구를 말하는지는 분명하게 말할 수 없다. 그러나 더 강한 내면화의 경향은 이미 히브리어 성경에서 시작된다. 잠언에서 지혜의 여인은 "이방 여인"에 대해 다음과 같이 경고한다. "네 마음에 그의 아름다움을 탐하지 말며 그 눈꺼풀에 홀리지 말라!"잠 6:25.

6

"토라의 근본원칙"

유대교적
해석들

데칼로그는 헬레니즘-로마 시대 대부분의 유대교 문헌에 거의 흔적을 남기지 않았다. 반면에 특히 팔레스타인 밖에 있는 헬레니즘 유대교에서는 토라의 요약으로서 중요한 역할을 했다. 그러나 기원후 1세기 성전 파괴 이후 데칼로그는 랍비 유대교의 주도권 아래 예배와 경건 생활에서 현저하게 그 위치를 잃는다. 그에 대한 책임이 초기 그리스도교의 데칼로그 사용에 있다고 보기에는 무리가 있다. 데칼로그는 고대 교회에서 결코 중심에 있지 않았기 때문이다. 오히려 동시대의 유대교는 데칼로그에 대한 높은 평가가 토라의 다른 계명들에 대한 평가절하를 가져올 수 있다는 염려 때문에 데칼로그를 배제했다.

사마리아인들의 열 번째 계명

세겜의 그리심산옛 북왕국 이스라엘에 중심지를 둔 사마리아 종교 공동체의 기원은 지금까지 명확하게 밝혀지지 않았다. 이 공동체는 예루살렘이 독립적인 행정구역이 된 뒤에 예루살렘 유대교에서 분리되어 그리심산에 자신들의 성소를 세운 유대인 집단이다. 일부 학자들은 이 분리가 기원전 5세기 말에 이미 이루어진 것으로 본다. 비잔틴 시대의 테오토코스 교회 아래 남쪽 언덕에서 발견된 고고학적 증거들이 이를 뒷받침한다. 반면에 다른 학자들은 이 분리가 페르시아 후기에서야 이루어졌다고 추정한다. 그 근거로는 요세푸스의 『유대 고대사』에 나오는 예루살렘 제사장 집단 안에서의 주도권 다툼을 둘 수 있다. 그때 패배한 집단이 사마리아인들에게 갔고 최종적으로 예루살렘과 분리되었을 것이다. 어떻든 간에 사마리아인들의 성소는 이미 마카베오 시대 이전에 있었다. 그 성소는 기원전 111년 하스몬 왕조의 요한 히르카누스 1세에 의해 파괴되었다. 그러고 나서 사마리아인들은 세겜 근처의 쉬카르에 정착했다. 사마리아인들이 비교적 이른 시기에 분리했다는 것은, 그들이 토라 곧 모세오경만 성경으로 인정한다는 점

157

에서도 알 수 있다. 다만 그들은 마소라 본문과 다소 차이가 있는 특수한 성경 본문을 가지고 있었다. 따라서 이 분리는 예언서가 정경으로 완성되기 전에 일어났음에 틀림없다.

그리심산 성소를 합법화하는 몇 가지 추가된 본문들이 사마리아인들의 토라의 특징을 보여준다. 사마리아인들은 데칼로그를 매우 중요시하여 자신들의 데칼로그 본문에 그들의 특별한 관심사들을 삽입하였다. 그렇게 함으로써 그들은 그것들을 하나님의 명령으로 신성하게 만들었다. 이를 위해 그들은 탐욕 금지 뒤에 자신들이 임의적으로 편집한 성경 본문을 덧붙였다.

(출 13:11a) 여호와께서 너를 가나안 사람의 땅에 인도하실 것이다,

(신 11:29a) 네가 가서 차지할 땅으로.

(신 27:2b-3a) 너는 큰 돌들을 세우고 석회를 바르고 그것에 이 율법의 모든 말씀을 기록해라.

(신 27:4) 너희가 요단을 건너거든 내가 오늘 너희에게 명령하는 이 돌들을 **"그리심"**산에 세우고 그 위에 석회를 바르라.

(5) 또 너는 거기서 네 하나님 여호와를 위하여 제단 곧 돌단
을 쌓되 그것에 쇠[연장]를 대지 말라.

(6) 너는 다듬지 않은 돌로 네 하나님 여호와의 제단을 쌓고
그 위에 네 하나님 여호와께 번제를 드릴 것이며

(7) 또 화목제를 드리고 거기에서 먹으며 네 하나님 앞에서
[그 산에서] 즐거워하라.

(신 11:30) 요단 강 저쪽 곧 해 지는 쪽으로 가는 길 뒤 [세겜 맞
은편] 모레 상수리나무 곁에 길갈 맞은편 아라바에 거주하
는 가나안 족속의 땅에.

이러한 확장된 내용은 사마리아 오경에서 탐욕 금지와
데칼로그 결론 부분 사이에 출 20:18-19a 또는 신 5:24-27 삽입
되었다. 이것이 그리심산에서의 제의를 열 번째 계명으
로 만든다. 게다가 신명기 27장 4절에서 원래는 아마도 이
름 없었을 산이 "그리심산"으로 분경하게 동일시되고 마
소라 본문과 다르게 7절에도 삽입된다. 그리심산의 성소
에는 ― 두 돌판과 유사하게 ― 데칼로그가 새겨진 두 개의
돌기둥과 다듬지 않은 돌로 만든 번제단이 있다 신 27:4-7.
성소에 데칼로그를 글자로 새겨 나타낸다는 점이 특이하
다. 사마리아 오경은 야훼가 자신의 이름을 두려고 선택하

실 장소로서 예루살렘을 가리키는 신명기 12장 5, 11, 21절의 암시들을 그리심산으로 해석함으로써 그리심산을 제의 장소로 표시한다. 마소라 본문에서는 그 장소가 아직 선택되지 않았다. 그러나 사마리아 오경은 선택의 동사를 과거형으로 사용하여 하나님이 이미 행하신 선택으로 기술한다. 사마리아인들이 출애굽기 20장과 신명기 5장의 데칼로그를 확장하면서 언급하는 맥락으로 보자면 이는 오직 그리심산만을 가리킬 수밖에 없다. 더 나아가 사마리아인들은 신명기 11장 30절에서 장소 세겜을 명시하여 언급하는데, 이곳은 아브라함의 성소로서 데칼로그에서 그리심산 계명을 확정하기 전부터 그들에게 중요했기 때문이다.

그리심산 계명을 통해 사마리아인들의 데칼로그는 사실상 열한 개를 포함한다. 여기서 숫자 10을 지키기 위해 그들은 두 개의 탐욕 금지를 연결사 "그리고"로 결합하여 아홉 번째 계명으로 만들고 이방신 숭배 금지와 우상 또는 형상 금지를 첫 번째 계명으로 삼아 셈이 시작되도록 한다.

사마리아인들이 데칼로그를 다시 한번 더 보충한 것은 분명하다. 신명기 18장 18-22절의 이른바 예언자 법을 하나님 말씀이 마무리되는 신명기 5장 28-29절과 30절 사이에 삽입한다. 사마리아인들은 또한 "모세와 같은 예언자"의 기다림을 하나님의 계시를 전해줄 마지막 때의 권위자에 대한 희망으로 해석한다. 그러나 시나이산 계시와 관련하여 이 두 번째 추가는 무엇보다도 데칼로그의 중요성을 강조한다. 데칼로그는 사마리아인들에게 그야말로 그들 성경의 총체가 되었다. 그 사이에 이미 예루살렘에는 정경의 한 부분인 "토라"뿐만 아니라 또 한 부분인 "느비임"에서 예언서들이 모아져 완결되어 있었다. 이제 두 부분으로 이루어진 예루살렘 정경을 고려하면 데칼로그의 두 번째 추가에서 왜 그리심산 공동체가 예언서들을 그들의 정경으로 받아들일 수 없었는지가 설명된다. 그 책들에는 모세의 권위가 결여되어 있기 때문이다.

70인역의 데칼로그

70인역은 현존하는 가장 오래된 번역 성경이다. 그 명칭은 아리스테아스의 편지를 통해 전해지는 이야기에서 유래한다. 프톨레마이오스 왕은 알렉산드리아의 유명한 도서관을 위해 예루살렘에서 72명의 장로들을 오게 하여 토라를 그리스어로 번역하게 했다. 72명의 학자들이 서로 떨어져 글자 그대로 일치하는 번역을 했다는 놀라운 세부 사항들을 제외하면 그 핵심은 전적으로 역사적 사실일 가능성이 크다. 토라_{모세오경}의 번역은 아마 기원전 285-260년에 프톨레마이오스 2세 필라델푸스의 호의적인 후원 아래 알렉산드리아의 유대인들에 의해 이루어졌을 것이다. 이는 이집트와 디아스포라의 그리스어를 사용하는 유대인들이 토라를 읽을 수 있게 하려는 것이었다.

　데칼로그의 번역에서 70인역은 이미 히브리어 본문에서 알 수 있는, 구조를 체계화하고 개별 계명의 의미를 확장하는 흐름을 이어간다. 70인역은 이방신 숭배 금지와 형상 금지를 내용적으로 서로 연결한다. 70인역이 형상 금지에서 "우상"_eidolon_이라는 전문용어를 사용하기 때문이다. 따라서 이 금지는 제의를 위한 이방신 형상에 명백하게 반대하게 된다. 그렇게 하여 형상 금지는 이방신 숭배 금지의 해석으로 나타난다. 이방신은 추상적으로가 아니라 제의 형상을 통해 나타나기 때문이다. 이는 하나님 말씀이 이어지는 맥락과 정확히 일치한다. 형상 금지를 야훼를 위한 제의 형상 금지로 보는 이전의 이해는 불필요하게 되었다. 포로기 이후 야훼 제의에서 모든 제의 형상이 이미 배제되었기 때문이다. 고대 교회는 70인역의 이해를 따랐고 형상 금지는 내용적으로 이방신 숭배 금지에 포함되었다고 보았다.

데칼로그의 두 본문에서 목적어 없는 짧은 금지 명령들이 살인 금지가 아니라 간음 금지로 시작된다. 필로, 신약 성경의 로마서 13장 9절과 야고보서 2장 11절, 그리고 일반적으로 교부들이 이를 따랐다. 이런 방식으로 히브리어 본문의 순서와는 다른 새로운 주제 연관성이 생겨난다. 부모 공경과 간음 금지는 노인 돌봄과 혼인 관계의 보증을 통해 가족을 보호한다. 가족 보호는 살인 금지, 도둑질 금지, 탐욕 금지를 통한 가족 간의 관계 보호에 앞선다. 더 나아가 출애굽기 20장의 번역자는 처음 두 항목의 순서를 바꾼다. 그래서 도둑질 금지, 살인 금지, 탐욕 금지의 순서로 비밀스러운 행위에서 공공연한 행위로 전개되도록 한다.

70인역은 여러 번 출애굽기 20장에 있는 데칼로그를 신명기 5장에 맞춰 수정한다. 이러한 조정은 매우 의도적으로 출애굽기 20장이 아니라 신명기 5장에 맞춰져 있다. 신명기 5장의 이야기 틀이 신명기의 데칼로그를 출애굽기 데칼로그의 분명한 반복으로 설명하고 있기 때문이다. 신명기 5장의 데칼로그가 최종 수정된 최신판이므로 번역이 이를 따르게 되었다. 데칼로그는 70인역에서 권위 있는 본문이 되어가는 과정에 있다.

필로와 헬레니즘 유대교

폭넓은 헬레니즘-유대 문헌에서 데칼로그에 대한 직접적인 인용은 거의 없지만 많은 암시가 발견된다. 특히 필로와 요세푸스가 데칼로그를 비교적 자세하게 풀이한다. 그래서 데칼로그는 70인역에서 토라의 요약과 기본적인 윤리 규범으로 잘 알려져 있었다고 볼 수 있다. 언급된 두 저자는 사회적 계명들에 보편적 효력을 부여하고자 한다. 이를 위해 그들은 그리스의 덕 윤리와 다른 윤리적 원칙들과의 접점들을 강조한다.

　이러한 관점에서 기원전 2세기 말의 아리스테아 편지는 특별히 교훈적이다. 성경으로서의 70인역 기원을 이야기하는 허구적인 편지에서 예루살렘 대제사장은 프톨레마이오스 왕궁 신하 아리스테아스에게 유대교의 율법을 가르친다. 그는 율법을 "경건"과 "정의"라는 두 범주로 나누는데, 이는 십계명의 두 돌판을 가리키는 표현이다. 경건은 하나님에 대한 태도를 말한다. 그러나 정의는 그리스의 덕 윤리에서 인간관계의 태도와 관련된 주요 덕목이다. 알렉산드리아의 익명의 저자는 결국 "정의"라는 핵심 낱말 아래 토라의 모든 윤리적 개별 가르침들을 모은다. "모든 것은 … 정의를 위해 법적으로 규정되고 … 명령되었다. 이는 우리가 평생 우리의 행위에서 통치자 하나님을 기억하며 **모든 사람들에** 대하여 정의를 실천하기 위함이다." 정의는 율법 자체의 "본래의 뜻"이다. 이러한 간접적인 방식으로 데칼로그는 단 한 번도 인용되지 않는다고 할지라도 충분히 전체 율법의 결정체로 나타난다. 덕 윤리와 결합한 데칼로그는 비유대인들에게 고유의 윤리적 가르침을 전하는 데 매우 적합한 틀이 된다.

기원후 40년경 알렉산드리아 유대인 사절단을 로마의 황제 칼리굴라에게 이끌고 간 필로는 시나이산의 십계명을 자세하게 설명했던 첫 번째 사람이었다. 이와 관련된 두 개의 매우 중요한 저술은 우연이 아니게 세계 창조에서 시작하고 시나이산에서의 율법 전달로 끝나는 토라_{모세오경}에 대한 방대한 연속적 주석과 관련하여 생겨났다. 필로는 스토아학파의 율법과 자연의 결합을 시나이산 율법에서 다시 발견한다. 그는 논문 "데칼로그에 대하여"에서 십계명을 모세에 의해 주어진 개별 율법들의 핵심 조항 또는 기본 원칙들로 해석하며 개별 율법들을 네 권의 책에서 데 칼로그의 계명들에 따라 체계화하고 그 계명들의 구체적인 사례로 다룬다. 10이라는 숫자는 아리스토텔레스의 열 가지 범주에 해당하는데, 그 범주 안에서는 존재하는 모든 것이 파악될 수 있다[29-31]. 따라서 토라는 "세계 법칙의 실현"이다[귄터 스템버거]. 유대교의 모든 특수한 요소들과 함께 서문이 더 이상 어떤 역할을 할 수 없다는 것은 놀랄 일이 아니다. 그래서 이를테면 안식일도 **모든 사람들에게** 주어진 것으로 철학적 사유와 도덕적 의식에 대한 탐구를 위한 것이다. "이것이야말로 모든 덕과 특히 경건의 고취를 위한 훌륭하고 적절한 가르침이 아닌가?"[99-100]

데칼로그는 세상을 가장 깊은 곳에서 결속시키는 법에 관한 것이기 때문에, 그 구조가 간단할 수 없다[50-52]. 모세는 십계명을 각각 다섯 개씩 두 계열로 나누었다. 첫 계열은 둘째 계열에 비해 당연히 우선권이 주어지고 부모에 대한 경외심으로 끝난다. 부모는 하나님에 관한 첫 계열에 속하는데, 그들이 하나님의 본성을 모방하여 개별 인간을 길러내기 때문이다. 그런 다음 둘째 계열은 70인역의 배열 순서에 따라 간음부터 부정한 탐욕까지를 포괄한다.

필로는 첫 계열의 계명들에 "하나님에 대한 경외심의 덕목"52을 편입시키고 둘째 계열의 계명들에는 "인류애와 정의"121를 연결한다. 그는 둘째 계열의 금지에 대한 위반이 어떻게 첫 계열의 금지에 영향을 주는지를 부분적으로 보여준다.

필로는 처음으로 광범위한 기반 위에서 데칼로그가 시나이산 율법의 총체로서 기능하도록 체계를 정립했다. 이를 통해 그는 다른 모든 규정들의 앞자리에 십계명을 두었다. 스토아-헬레니즘 철학과 토라를 데칼로그를 통해 서로 연결하려는 그의 시도는 유대교를 넘어 광범위한 영향을 미쳤다. 그는 모세의 율법과 서계 법칙을 동일시하는 것보다는, 모든 인류를 위한 일반적인 도덕으로로서의 데칼로그 해석을 통하여 암브로시우스와 루터를 거쳐 보편적 세계 윤리를 위한 지금의 노력들에 이르기까지 데칼로그 수용의 문을 열어 놓았다.

팔레스타인 본토에서는 플라비우스 요세푸스37-100년경가 비슷한 관심을 보였다. 그는 자신의 방대한 문학 작품에서 두 번이나 데칼로그에 대해 언급한다. 「유대 고대사」에서 시나이산에서의 이스라엘에 대해 간략히 보고하면서, 그는 하나님이 친히 "열 가지 말씀"을 백성에게 알리셨다고 전한다. 요세푸스에 따르면 물론 이 말씀이 비유대인들 앞에서 글자 그대로 인용되는 것은 "허용되지" 않는다. 여러 번 나오는 하나님의 이름 때문에 이러한 인용 금지가 있게 되었는지는 분명하지 않다. 어쨌든 그 금지는 그렇게 신비에 싸여 있는 데칼로그의 비할 데 없음을 강조한다. 그래서 요세푸스는 짧은 설명으로 만족한다. 그 안에서 데칼로그에 대한 그의 이해가 더욱 분명해진다. 요세푸스는 히브리어 본문의 순서를 따르지만 첫 두 계명을 소개하면서 "가르치다"와 "경고하다"는 개념으로 해석한다. 그는 철학적 교의에 맞게 모든 유대적인 것들을 뒤로 미루고 동시에 데칼로그를 보편적인 인간 윤리의 표현으로 이해하려는 경향을 강조한다. 그래서 안식일 계명에서 일곱 번째 날을 "야훼를 위한 안식"과 동일시하는 결정적인 정의가 빠져 있다. 이를 통하여 안식일 계명은 "모든 사람을 위한 사회적 혜택"의 계명이 된다_{울리히 켈러만}. 이와 같은 형태로 그 계명은 후대에 큰 영향을 미친다.

요세푸스는 유대교의 대변론서인 「아피온에 반대하여」*Gegen Apion*의 두 번째 책에서 아피온의 악의적인 비방에 맞서 유대교 율법을 옹호한다. 그는 데칼로그의 순서를 느슨하게 따르면서 율법들을 다룬다. 하나님과의 관계 규정들이 맨 앞에 놓인다. 이어서 가정 안에서의 생활과 마지막으로 이웃과의 공동생활을 위한 규정들이 나온다. 여기서 창조 신학에 근거하는 일신론적이고 비형상적인 철학적 신 개념이 특징적으로 나타난다. 이러한 요소들은 당시의 지식인들에게 공감을 얻었다. 하나님 숭배의 비형상적 성격으로 유대교는 이성적 종고라는 평판을 받기도 했다. 필로와 요세푸스는 데칼로그를 "일반적인 도덕의 유대교적 형식"으로 이해한다켈러만. 그 형식은 신적 계시에 기인하는 것일 뿐만 아니라 이성의 규범에도 상응한다. 그래서 데칼로그는 계몽된 이교도의 철학적 윤리와 비교해도 전혀 손색이 없었다.

경건과 예배

이미 출애굽기 20장에서 구성될 때부터 데칼로그는 토라의 체계화된 총체로 구상되었다. 그렇기 때문에 계약법전 앞에 놓이게 되었다. 헬레니즘 유대교에서는 이 간결한 요약을 자체적인 교육과 외부적으로 유대교의 정체성을 설명하는 데 사용했다.

기원전 2세기 또는
1세기의 파피루스
내쉬는 데칼로그를
포함하는 가장 오래된
현존하는 필사본이다.

　이는 성경 밖에 있는 데칼로그의 가장 오래된 필사본에서 잘 확인된다.

　W.L. 내쉬는 1902년 이집트에서 기원전 2-1세기의 파피루스 단편을 입수해 캠브리지 대학 박물관에 기증했다. 이 조각에는 데칼로그가 70인역에만 있는 전환 문장들을 통해 이어지는 신명기 6장 4절의 유대교 신앙 고백인 "들으라 이스라엘아 … !"와 함께 기록되어 있다. 이러한 결합은 우선 그 파피루스 조각이 단순한 성경 사본이 아니라 의도적인 편집물이라는 것을 보여준다. 율법의 총체인 데

칼로그와 신앙고백을 담은 이 눈에 띄지 않는 파피루스는 진정한 유대인의 필수 교리집 같은 역할을 했을 것이다. 이는 유대교의 기초교육에서 중요한 역할을 했지만, 전혀 다른 맥락에서도 활용될 수 있었다.

오늘날도 여전히 경건한 유대인은 아침 기도에서 왼쪽 팔과 이마에 *T^efillin* 테필린 이라고 부르는 가죽 끈으로 묶여있는 검은 상자 두 개를 착용한다. 거기에는 성서 본문이 적혀 있는 작은 양피지 조각들이 규정에 따라 접혀 있다. 가장 오래된 테필린은 쿰란에서 나왔다. 후대 랍비의 관습이나 현재의 관습과는 달리 거기에는 토라에 있는 다른 본문들 외에 항상 "들으라 이스라엘"을 포함하고 있으며, 종종 데칼로그도 들어 있다. 이는 집이나 거주지로 들어가는 입구 오른쪽 문설주에 부착되는 *M^ezuzot* 메주자에도 적용된다. 그에 대한 보기들이 다찬가지로 쿰란에서 알려져 있다. 파피루스 내쉬의 큰 접힘 방식은 본래 메주자로 사용되었을 가능성을 암시한다. 사마리아인들에게는 집에 새겨진 데칼로그가 이 역할을 한다. 이마, 팔, 문에 있는 십계명은 토라가 모든 생각, 행위, 전체 삶의 방식을 형성해야 한다는 것을 상징한다. 분명히 데칼로그는 헬레니즘-로마 시대의 이집트 디아스포라뿐만 아니라 고국 팔레

171

스타인에서도 토라의 요약으로서 유대인의 삶에서 중요한 역할을 했다. 미쉬나에 따르면 데칼로그는 성전과 회당의 아침 기도에서 축복 기도와 "쉐마 이스라엘" 낭독 사이에 확고한 자리를 차지한다.

성전 파괴 이후 데칼로그는 예배에서의 특별한 지위를 잃는다. 미쉬나와 바빌로니아 탈무드의 논쟁에서 보듯이, 토라의 613개 규정 각각의 효력과 존엄에 대한 존중은 요약의 총체라는 생각이나 그것의 우위를 허용하지 않았다. 이로 인해 데칼로그는 유대교의 의례 관행에서 사라졌고 — 3세와 4세기의 많은 시도에도 불구하고 — 매일의 아침 기도에 다시 등장하지 못했다. 유대교 예배에서 데칼로그는 칠칠절(오순절)에만 낭송된다.

그럼에도 불구하고 유대교는 십계명의 특별한 의미를 늘 알고 있었다. "십계명은 세상이 창조될 때 사용된 열 개의 말씀에 상응하는 말씀이다." 십계명은 세계의 시작이고 그것이 없으면 세상은 이미 오래전에 무너졌을 것이다.

"자연법"

7

고대 교회의 데칼로그

신약성경에서의 십계명

마태는 마태복음 5-7장에서 예수의 산상수훈을 하나님의
산 모티브로 연출하여 독자로 하여금 십계명을 예상하게
한다. 하지만 데칼로그는 신약성경 전체에서 단 한 번도
완전하게 나타나지 않는다. 물론 예수는 율법학자와의 논
쟁눅 10:25-28에서 하나님과 이웃에 대한 이중 사랑이 영생
에 이르는 길이라고 분명하게 말한다. 여하튼 아우구스티
누스는 이것을 데칼로그의 두 돌판에 대한 요약으로 이해
했다. 그밖에 신약성경에는 데칼로그에 대한 인용과 암시
가 드물게 나타나는데, 이것 또한 개별적인 계명이나 일련

막 7:10/마 15:4	부모
막 10:19/마 19:18-19/눅 18:20	뒤바뀐 순서의 두 번째 돌판+부모
마 5:21, 27	살인, 간음
눅 13:14	안식일
롬 2:21-22	도둑질, 간음
롬 7:7	탐심(목적어 없음) + 창 2:16-17
롬 13:9	간음, 살인, 도둑질, 탐심
엡 6:2-3	부모
약 2:11	간음, 살인

그 외의 암시들은 불확실하거나 효과적이지 않다.

의 계명들에만 해당한다.

관찰된 본문은 적지만 주목할 만하다. 서문과 첫 돌판의 계명들이 완전히 누락되었다. 물론 그렇다고 해서 성급한 결론을 내려서는 안 된다. 결코 율법 지식을 의심할 수 없는 당시의 유대교조차도 대부분 맥락이나 상황에 따라 두 번째 돌판의 계명들을 선택하여 인용했으며, 다른 계명들의 효력을 조금도 의심하지 않았기 때문이다. 복음서들에 따르면 예수는 철저하게 첫 계명을 지켰고 마가복음 4장 10절의 시험 이야기에서 "주 너의 하나님께 경배하고 다만 그를 섬기라"_{신 6:13}는 말씀으로 마귀를 논박했다. 바울 역시 예수와 하나님과의 관계를 첫 계명의 의미에서 설명한다_{고전 15:28. 빌 2:11도 참고.}

이미 유대교에서 그랬듯이, 데칼로그는 그리스도교에서도 특별한 존중을 받고 있다. 데칼로그는 그리스도교 공동체 안에서 고유한 윤리적 성찰을 위한 중요한 의미를 갖는다. 이는 이미 예수의 산상수훈에서 볼 수 있다. 예수는 전통적인 해석에 맞서 자신의 해석을 제시하는 처음 두 개의 안티테제에서 살인 금지_{마 5:21-26}와 간음 금지_{마 5:27-30}를 예로 제시한다. 예수의 해석은 금지된 행위의 범위를 넓혀가면서 십계명의 개별적 계명이 갖는 본질적 특징을 그와 유사한 율법 조항들과 비교해 더욱 심화시켰다. 곧 살인자만이 아니라 이웃에게 화를 내는 사람도 죄를 짓는 것이다. 나아가 예수는 금지된 행위에 대응해 적극적인 실천을 요구한다. 계명을 온전히 실천하기 위해서는 어떤 이유에서든지 이웃의 분노를 불러일으킨 경우 적극적인 화해의 태도를 가져야 한다. 여섯 개의 안티테제를 통해 마태는 예수를 권위 있는 토라의 해석자로 묘사한다. 이 테제들은 원수 사랑의 계명을 통해 이웃 사랑의 해석을 심화시키는 데 목적을 두고 있다. 마태는 테제들 앞에 서문을 배치하는데, 거기에서 예수의 해석이 "더 나은 의"의 표현임을 강조한다. 이 의는 율법과 예언자들의 가르침을 무효화하는 것이 아니라 오히려 완성하는 것이다5:17-20. 이러한 관점은 결론 부분에서 "하늘에 계신 너희 아버지의 온전하심과 같이 너희도 온전하라"5:48는 명령으로 다시 확인된다.

십계명을 통한 그리스도교 윤리의 근본적인 성찰은 예수에게 "영생을 얻으려면" 무엇을 해야 하는지를 묻는 한 부유한 남자에 대한 가르침 이야기에 나온다막 10:17-27. 예수는 그에게 우선 "들으라 이스라엘아!"에 대한 암시를 통해 첫 계명을 기억하게 한 다음, 두 번째 돌판의 계명들을 열거한다. 예수는 이 모든 것을 이웃 사랑 계명으로 요약한다마 19:19. 그 남자는 어려서부터 그 모든 것을 지켰기 때문에 애초에 그의 질문은 본디 필요하지 않다. 레위기 18장 5절에 따르면 계명들을 지키는 사람은 살 것이기 때문이다. 그러나 예수는 그것을 넘어서 영생의 조건을 자신을 따르는 것으로 제시한다. 그러나 그 남자는 그렇게 할 용의가 없다. 예수는 데칼로그의 두 번째 돌판의 계명들을 인용하면서 데칼로그의 불변의 효력을 상기시킨다. 데칼로그에 응축된 하나님의 뜻을 행하지 않는다면 예수에게

179

서도 영생을 얻을 수 없다. 그리고 예수를 따르지 않으면 온 율법을 지키는 것이 아무 소용이 없다.

바울은 로마서 13장 9절에서 신명기 5장 17-19절의 70인역 순서를 따라 두 번째 돌판에 있는 금지 명령들을 선택적으로 인용한다. 인용의 마지막에서 바울은 선택된 계명들이 전형적 의미를 갖는다는 점을 지적한다. 그는 이웃을 보호하는 금지 명령들을 신중하게 선택하는데, 이는 사랑과 율법의 관계를 고려하기 때문이다. 인용된 데칼로그 계명들은 "남을 사랑하는 자는 율법을 다 이루었느니라"8절와 "그러므로 사랑은 율법의 완성이니라"10절가 감싸고 있는데, 이는 우연이 아니다. 따라서 사랑은 결코 율법을 대신하는 것이 아니다. 또한 율법을 "다 이룬다"는 것이 율법을 "불필요하게 만든다"는 것을 뜻하지 않는다. 오히려 율법은 사람이 행하고 순종하는 것을 통해 완성된다. 그러므로 두 번째 돌판의 보호 계명들은 이웃을 사랑한다는 것이 무엇을 뜻하는지를 모범적으로 해석한다. 반대로 사랑은 율법의 모든 개별 지시를 응축한다. 이것이 바울이 이 계명들을 선택하여 인용한 이유다.

콘스탄티누스 이전의 데칼로그

그리스도교 공동체가 주로 유대계 그리스도인들로 구성되었을 때 데칼로그는 그들에게 이미 익숙했기 때문에 전혀 두드러진 역할을 하지 못했다. 데칼로그는 이방인 그리스도교 공동체의 삶에서 비로소 증요성을 갖게 되었는데 특히 모든 종류의 비난에 맞서는 변론 과정에서 그러했다. 데칼로그는 이방인들의 법보다 더 오래된 "율법"이었다. 따라서 그리스도교는 새롭고 의심스러운 종교가 아니라 매우 존귀한 원칙들에 기초하고 있었다. 이는 알렉산드리아의 클레멘스가 그리스도교를 진정한 철학으로 제시한 그의 저서『교육자』에서 언급된다. 특히 두 번째 돌판은 비그리스도인들에게도 공감을 얻을 수 있었다. 또한 그리스도인들은 자신들이 무절제한 성적 문란, 유아 살해, 온갖 혐오스러운 행위 등을 저지른다는 이방인들의 비난에 데칼로그로 맞서기도 했다.

그러나 십계명은 그리스도교 변증론에서 거의 다루어지지 않는다. 십계명이 교회 공동체의 삶에 뿌리를 내렸다는 가장 오래된, 그리스도교 밖에서 전해지는 증거는 비티니아의 로마 총독이었던 젊은 플리니우스에게서 나온다.

그는 112년경 황제 트라야누스에게 보낸 편지편지 10,96에서 "이 미신의 전염병"이 도시뿐만 아니라 마을과 들판까지 퍼지고 있다며 그리스도인들을 어떻게 다루어야 할지를 묻는다. 그는 심문을 통해 고발된 그리스도인들이 "특정한 날 해뜨기 전에" 모여서 "그리스도를 자신들의 신이라고 교창"하고 "도둑질, 강도질, 간음을 저지르지 않고, 약속을 어기지 않으며 채무를 부인하지 않을 것"을 서약한다고 보고한다. 언급된 범죄들은 다른 순서와 익숙하지 않은 전개이지만 대략 다섯 번째에서 열 번째 계명에 해당된다. 여기서 "맹세"는 세례 서약과 관련된 것일 수 있다. 플리니우스가 심문에서 알게 된 대로 해가 뜨는 시간은 세례 예식에 맞고, 공동식사가 있는 정규 공동체 예배는 저녁에 있었다. 세부사항들이 분명하지 않지만 편지를 통해 데칼로그가 ─ 적어도 두 번째 돌판 ─ 공동체 생활에서 중요한 역할을 했음에 틀림없다는 것을 알게 된다.

데칼로그의 그리스도교적 삶의 자리로서 세례 교육은 2세기 중반의 초기 그리스도교 문서인 디다케에서도 암시된다. 디다케의 첫 부분은 세례와 성만찬을 다룬다. 이어서 공동체 규칙과 마지막 날에 대한 전망이 나온다. "생명의 길"은 하나님 사랑과 이웃 사랑의 이중 계명 및 부정문으로 표현된 황금률 1:2과 함께 시작된다. 그리고 데칼로그의 두 번째 돌판에 있는 금지 명령에 해당하는 일련의 금지 명령이 뒤따른다 2:2-7. 십계명에서 세례와 성찬으로 이어지는 문헌적 순서는 이방인에서 그리스도인으로 변화되는 삶의 과정으로 해석되고 따라서 데칼로그를 세례 교육의 기본 요소들로 여긴다는 것을 암시한다.

물론 예수가 데칼로그를 단순히 받아들인 것이 아니라 산상수훈의 안티테제들에서 그 의미를 확장하고 급진적으로 변화시켰다는 것은 널리 인정되어 왔다. 이러한 배경에서 율법과 데칼로그, 나아가 전체 구약성경이 그리스도교에서 도대체 어떤 역할을 할 수 있는지에 대한 질문이 제기된다. 양가적 상황을 고려할 때, 데칼로그가 고대 교회에서 아우구스티누스를 제외하고 중심적으로 다루어졌다기보다 오히려 부수적으로 다루어졌다는 것은 전혀 놀랍지 않다. 데칼로그도 전체 구약성경처럼 영원히 폐기된 것으로 여겨져야 하는가? 불과 80년 전에 위대한 교회사가이자 학제 설계자인 아돌프 폰 하르낙이 이 질문을 제기하고 결국 그러한 결론을 내릴 것을 강력히 요구했다. 이미 2세기에 거기까지 이를 뻔했다. 그리스도교의 길을 찾으려고 분투하고 신앙을 성찰하는 데서 "영지주의적"이거나 그

183

와 유사한 시도들이 공동체 안에서 큰 성공을 거두었기 때문이다. 로마 교회 구성원으로서 부유한 선주이자 해외 무역상이었던 시노페의 마르키온은 교회 역사에서 성경 문헌들의 폐쇄적 정경을 처음으로 제시하였다. 이때 그는 율법과 복음 사이의 긴장을 해소하고 율법과 함께 전체 구약성경을 폐기하였으며 신약성경에서 유대교적 흔적으로 보이는 모든 것을 제거했다. 그래서 그의 정경에는 누가복음과 열 개의 바울서신만 남게 되었다. 그로 인해 그는 로마의 교회 공동체와 결별하게 되었다. 144년에 그는 자신의 교회를 세웠는데 처음에는 지지를 얻기도 했다. 그러나 대다수의 그리스도교 교회는 구약성경을 고수했다. 그들은 결국 그들 안에서 일어나는 그러한 모든 경향들을 배제하였는데, 이원론이나 군주제적으로 계층화된 신성에 대한 영지주의적 사상으로 인해 유일신 신앙이 위협받는다고 보았기 때문이다. 따라서 율법의 그리스도교적인 의미에 대한 물음은 계속해서 논의의 중심이 되었다. 영지주의와의 대립 속에서 데칼로그는 새로운 의미를 얻게 되었다. 구약성경의 많은 율법이 시대에 뒤떨어졌기 때문에 낯설 수도 있지만 오히려 데칼로그를 통해 하나님의 뜻이 이성적일 뿐만 아니라 선하다는 것을 보여줄 수 있었다. 그래서 리옹의 주교 이레네우스는 유대인과 그리스도인에게 구속력이 있는 "자연적 규범"으로서의 데칼로그를 이스라엘에게만 유효한 나머지 구약성경의 계명들과 구별한다.

데칼로스에서, 특히 두 번째 돌관을 "자연적 규범" 또는 "자연법"으로 규정하는 것은 데칼로그의 영향사에서 중요한 역할을 했다. 이 사상은 이미 오래전에 존재했다. 스토아학파는 이성의 자연법을 본능의 자연법과 구별했다. 그리스도교 변증가들은 필로가 이미 토라와 결합했던 이러한 스토아학파의 "이성의 법" 개념을 받아들였지만, 이 개념을 데칼로그에만 적용한다. 데 칼로그의 두 번째 돌판은 자연법이 무엇을 말하는지 상기시킬 뿐이다. 변증가 유스티누스165년 사망는 유대인 트리폰과의 대화에서 그 현상을 아주 적합하게 다음과 같이 묘사한다. "모든 세대는 율법서 없이도 간음, 음란, 살인, 이런 종류의 모든 행위들이 죄라는 것을 매우 잘 알고 있다. 죄인조차도 자신이 옳지 않다는 것을 안다. 게다가 그가 다른 사람들에게 행한 것을 자신에게는 용납하지 않는다." 유스티누스가 하나님이 각 세대마다 새롭게 선포하셨다그 본 것을, 터툴리아누스160-220년경는 하나님이 이미 에덴동산에서 한 쌍의 첫 인류에게 동산 가운데 있는 나무의 열매를 먹어서는 안 된다는 금지 명령과 함께 주신 것으로 해석한다. 그 명령에는 나중에 사랑의 이중 계명과 데칼로그로 전개되는 모든 규정이 들어 있다. 그것으로부터 그는 돌판에 기록된 데칼로그 이전에 "자연의 방식으로 인식되고 이미 선조들이 지켰던" "불문율"이 있었다는 결론을 얻는다. 또한 오리게네스는 하나님이 주신 "자연법"과 나라마다 매우 다를 수 있는 실정법을 구별한다. 그러나 "하나님의 율법"은 사람이 만든 성문법 위에 있다.

데칼로그를 자연법의 표현으로 해석하는 관점은 광범위한 영향력을 가지면서 토마스 아퀴나스를 거쳐 근대 자연법 이론에까지 이르렀다. 데칼로그의 두 번째 돌판에 있는 금지 명령들이 자연법적으로 해석되는 경우, 궁극적으로 이러한 계명들을 성경 본문들과 연결하거나 심지어 성경에서 이끌어내야 할 필요성이 사라진다. 더 이상 성경의 증거가 아니라 이성적인 명확성과 타당성만이 그 권위를 보증하기 때문이다. 그러한 이유로 데칼로그는 교회의 교리문답 전통 밖에서는 더 이상 큰 관심을 받지 못했다. 따라서 루터 이후 유럽의 문화사에서 데칼로그의 영향력은 점점 더 축소되어 갔다.

"의무" 목록 또는 "은혜의 율법"

313년 콘스탄티누스가 공식적으로 종교의 자유를 허용하고, 380년 테오도시우스가 특정 형태의 그리스도교를 유일한 합법적 종교로 선언한 뒤에, 비교적 빠르게 "그리스도교의 공적 영역으로의 완전한 진입"한스 리츠만이 이루어졌다. 대교회로 성장하는 길에서 사람들은 옛 형제 유대교의 그림자에서 벗어났다. 내부적으로는 영지주의와 관련된 논쟁도 극복했다. 이러한 이유토 교회와 구약성경과의 관계는 덜 문제시되었다. 사람들은 당연히 구약성경을 그리스도교적으로 읽고 데칼로그에서도 이전에는 대립적이었던 것이 재해석되었다. 이러한 변화는 이른바 "콘스탄티누스 시대" 초기의 탁월한 두 명의 신학자에게서 본보기로 나타난다.

유럽 사상사에 데칼로그가 수용되는 과정에는 밀라노의 주교 암브로시우스의 결정적인 역할이 있었다. 그는 390년경에 그리스도교 윤리에 대한 첫 번째 대작을 집필했는데, 이미 제목에서 정신적 계보가 드러나는 "교회 성직자의 의무에 관하여"가 그것이다. 밀라노 성직자들을 위한 이 저작은 이전의 유명한 저작인 키케로의 "의무에 대하여”를 따르지만, 명확하게 그리스도교에 기반을 두고 영생을 목표로 하는 의무에 대한 교리를 제공한다. 암브로시우스는 키케로의 “중간 의무”와 “완전한 의무”의 구분을 받아들이고 이 구분을 부자 청년의 이야기를 인용해 설명한다. 예수는 영생에 관한 질문에 답하면서 데칼로그의 두 번째 돌판과 이웃 사랑의 계명을 그 핵심으로 인용한다. 이러한 중간 또는 완전한 의무는 오직 악행을 피하는 것을 목적으로 한다. 그러나 예수는 더 나아간다. 곧 네가 **완전해지려면**, 네 모든 재산을 팔아 가난한 사람들에게 주어라. 그리하면 하늘에서 보화를 얻을 것이다. 마찬가지로 예수는 산상수훈에서 저주하는 자들을 축복하라고 권면한다. “이것이 완전한 의무다 … 그 의무를 통해 무너질 수 있었던 모든 것이 바로잡힌다.” 따라서 암브로시우스는 무조건 순종을 요구하는 데칼로그의 계명들*praecepta*과 이행 방식에서 자유로운 선택이 허용되는 권고들*consilia*을 구별한다. 자비의 행위는 완전한 의무에 속한다. 이를 통해서만 공로를 쌓을 수 있다. 반면에 십계명을 지키는 것만으로는 공로가 되지 않는다. 그것은 단지 사람으로서 해야 할 의무이기 때문이다.

암브로시우스의 이러한 구분은 성경에 기반하고 있으

며, 자연법으로 표현되는 데칼로그에 산상수훈에 담긴 그리스도의 완전한 법을 대응시키는 전통에 서 있다. 그러나 데칼로그를 의무론적 관점에서 해석한 것은 새로운 시도였고, 이것은 현재까지 영향을 미치고 있다. 한스 큉이 데칼로그의 두 번째 돌판에 있는 금지 명령들을 인간의 의무 목록에 포함시키고 이를 통해 문화 간 세계 윤리를 정립하려 한 것은 같은 선상에 있다고 할 수 있다.

암브로시우스에서 아우구스티누스에 이르는 역사적 시간의 거리는 짧다. 아우구스티누스는 354년에 북아프리카에서 태어났다. 그는 불안정한 젊은 시절을 지낸 후 수사학 교사로 밀라노에 갔고 거기서 암브로시우스에게 세례를 받았다. 십 년 뒤에는 북아프리카 항구 도시 히포 레기우스에서 주교가 되었다. 거기서 반달족의 포위가 한참 진행되던 430년 사망했다. 그는 중세를 넘어 근대에 이르기까지 가장 강력한 영향을 끼친 고대 후기의 신학자다.

아우구스티누스는 데칼로그를 자연법과 연결하는 전통에 서 있다. 양심과 이성은 모든 사람에게 십계명에서 배워 알게 되는 것과 다르지 않은 것들을 말한다 시편 해석 57,1. 두 번째 돌판의 계명들은 외부로부터 사람에게 주어지는 것이 아니라 이미 사람의 양심 안에 있다. 그러나 사람이 양심을 따르지 않기 때문에, 하나님이 데칼로그를 통해 그 계명들을 상기하게 하신다. 마니교도인 파우스투스가 데칼로그는 유대인 하나님의 법만을 다룬다고 이의를 제기한 것에 맞서 아우구스티누스는, 예수가 산상수훈에서 그 계명들을 받아들인 것을 상기시키며 그 계명들이 지켜지지 않으면 사람들의 공동생활이 유지될 수 없다는 단순한 경험을 제시한다 파우스투스 반박 15,4,7. 데칼로그에서 안식일 계명을 제외한 어떤 계명도 그리스도인들에게서 폐기되지 않았다 영과 문자 23. 하나님이 친히 이 계명들을 사람들의 마음에 기록하셨기 때문에, 하나님의 영이 그것들과 함께 사람 안에서 알하시기 때문이다. "하나님의 현존을 통해 사랑이 우리 마음에 부어지며 이 사랑이 율법의 완성이자 계명의 목적이다"36. 따라서 그리스도와 함께 율법이 다른 것이 되지 않았지만 율법에 대한 사람의 태도 곧 율법에 대한 순종의 방식이 변화되었다. 아우구스티누스는 자신의 이해를 바울에 기대어 인상적으로 표현한다. "그러므로 율법은 은혜를 구하게 하려고 주어졌고, 은혜는 율법이 완성되게 하려고 주어졌다"34. "새 사람"은 은혜 없는 율법에서는 죽었고, 그리스도를 통해 은혜가 된 율법 아래서 계속 살아간다.

이런 방식으로 아우구스티누스는 처음으로 산상수훈에 있는 "그리스도의 새로운 율법"과 데칼로그에 요약된 옛 언약의 율법 사이의 대립을 극복하는데, 데칼로그를 "은혜의 율법"으로 해석함으로써 가능했다. 이 목적을 위해 그는 데칼로그를 사랑의 이중 계명의 관점에서 해석한 후 그것을 — 성경 본문에 기초하여 — 두 돌판으로 나누는데, 처음 세 개의 계명은 하나님에게, 나머지 일곱 개는 이웃에게 관련시킨다 출애굽기에 대한 질문들 II, 71,1-2. 이때 그는 출애굽에 대한 언급과 함께 있는 하나님의 자기소개를 데칼로그에 넣지 않고, 형상 금지 명령을 이방신 숭배 금지 명령의 해석으로 간주하며, 탐심에 대한 금지 명령 동사의 반복으로 인해을 아홉 번째와 열 번째 계명으로 나눈다. 그는 첫 번째 돌판의 계명들을 삼위일체와 관련하여 해석한다 설교 8 참고. 이방신 숭배 금지 명령은 창조주 아버지에, 이름을 망령되이 일컫지 말라는 금지 명령은 아들이신 예수 그리스도에, 안식일 계명은 성령 안에서의 영원한 안식에 때로는 예배에 관련시킨다. 그는 데칼로그와 사랑의 이중 계명을 결합함으로써 신약성경의 본보기들에 연결될 수 있었다. 예컨대 바울은 이미 로마서 13장 8-10절에서 부모와 이웃에 관한 계명을 마지막에 이웃 사랑의 계명으로 요약한다. 그러나 아우구스티누스는 두 계명을 서로를 해석해 주는 실질적인 하나의 단위로 연결한다. "십계명은 하나님과 이웃을 사랑해야 한다는 두 계명에 연결되고, 이 두 계명은 하나의 계명 황금률이라고 말하는과 연결된다 … . 거기에는 십계명이 있고 두 계명도 들어 있다"9,14. 곧이어 그는 "그러므로 이 하나의 계명은 두 계명을 포함하고, 이 두 계명은 십계명을 포함하고, 이 십계명은 모든 것을 포함한다"9,16고 덧붙인다. 그래서 데칼로그는 사랑의 전개로 그리고 이중 계명은 전체 율법의 요약으로 나타난다.

이러한 새로운 해석을 통해 아우구스티누스는 토마스 아퀴나스와 마르틴 루터를 넘어 서양 사상사에 지속적으로 영향을 미쳤다. 토마스1224-1274년는 그의 『신학대전』 *Summa Theologiae*에서 데칼로그의 효력을 역사적인 장소인 시나이산과 완전히 분리한다. 그는 성경 본문에 대한 단순한 관찰에서 놀라운 결론을 끌어낸다. 곧 성경에서 데칼로그만이 하나님이 친히 백성에게 알리셨다는 점으로부터 데칼로그가 율법의 모든 다른 규정들과 구별된다는 것이다. "그래서 **사람 자신이 하나님으로부터** 알게 되는 규정들이 데칼로그에 속한다. 그것들은 곧바로 이성의 가장 일반적인 원칙들로부터 인식될 수 있는 것들이다". 십계명의 계시는 먼 옛날 시나이산에서 일어났지만, 사람이 그 계명들의 타당성을 이해할 때마다 그 계시는 늘 새롭게 일어난다. 그 계명들은 비유대인들에게도 의무가 되는데, 그 근거는 하나님이 십계명을 시나이산에서 유대 백성들에게 주셨기 때문이 아니라 일반적인 인간 이성으로도 명백하게 인식될 수 있는 한에서만 그러하다. 따라서 자연법의 표현으로서의 데칼로그는 놀라운 방식으로 새롭게 효력을 나타낸다.

안식일에서 주일로

십계명 중에서 안식일 계명은 — 특히 신명기에 있는 이집트에서의 종살이에 대한 기억과 결부되어 있어서 — 모든 인류에게 구속력 있는 자연법의 의미로 해석하기가 적합하지 않기 때문에, 고대 교회에서 항상 특별한 문제였다. 또한 복음서들은 안식일 준수에 대한 예수와 유대인들의 갈등에 대해 전하고 있다. 그러나 무엇보다도 사람들은 안식일이 아니라 주일에 예배를 드렸다. 그래서 다음의 질문이 제기된다. 그리스도인들은 유대교의 안식일을 어떻게 다루어야 하는가? 오늘날에도 유대인들, 특히 제칠일안식일예수재림교인들은 왜 그리스도교 교회들이 성경에서 하나님이 명령하신 안식일 성수를 주일로 대체하는지를 묻는다. 어떻게 안식일이 주일로 대체되었는가?

예루살렘의 초기 그리스도교 공동체는 처음에는 계속해서 성전 예배에 참여했고 아마도 안식일도 지켰을 것이다. 이런 공동체들은 4세기까지 존재했음이 문헌으로확인되는데, 유대인 그리스도교 공동체들이 해당한다. 유세비우스첫 교회사학자, 340년 사망는 에비온파가 안식일과 유대교의 관습을 지키고, 동시에 "구세주의 부활을 기념하기 위해 주님의 날들을 기념한다"고 전했다. 반면에 이방인 그리스도교 공동체는 안식일도 지키지 않았고 할례도 행하지 않았다.

주일의 기원은 불분명하다. 이 명칭은 그리스도교 이전부터 있었다. 그리스도교적 맥락에서 주일은 유스티누스변증[Apologie] I, 67,3에게서 처음 나타난다. 일로부터 완전하게 쉬는 날이었던 안식일과는 달리, 주일은 4세기 초반까지 일하는 날이었다. 그래서 그리스도인들은 주일 아침 일찍 모여 세례를 베풀고또는 교육하고 저녁에서야 식사 중에 성찬 예식을 행하였다. 그리스도인들의 주일 예배에 대한 가장 오래되고 확실한 기록은 2세기 초반의 것들이고 거기서는 그 예배를 이미 오래전부터 당연한 것으로 다룬다. 바르나바 서신130년경에서는 주일이 **여덟 번째** 날로 나타나는데, 이 날은 예수가 죽음에서 부활한 날이기 때문에 그리스도인들은 기쁨의 날로 기렸다15,9. 이는 그리스도인들이 주일을 예배하는 날로 지내는 그리스도교적 혁신을 위한 근거였을 것이다. 주일 저녁의 성찬 예식은 목요일 저녁에 있었던 예수의 마지막 만찬에 연결된 것이 아니라, 부활절 저녁에 부활의 주님이 나타나셔서 제자들과 식사를 하셨다는 복음서의 보고들에 연결되어 있다눅 24; 요 20:19, 26. 플리니우스의 편지에 언급된 황제의 모임 금지령은 왜 주일 저녁의 예배와 공동식사가 주일 아침으로 옮겨졌는지를 설명할 수 있을 것이다. 이러한 실행에 대해 유스티누스는 ― 사람들은 이후에 일을 해야만 했기 때문에 ― 아마도 제한된 시간 때문일 것이라고 지적한다.

안식일로부터의 이탈은 아브라함, 이삭, 야곱과 같은 믿음의 조상들을 들어 정당화되었다. 특히 아브라함은 "하나님의 친구"로 불렸지만 그들은 제의와 관련된 모세의 법에 대해 전혀 알지 못했다는 것이다.

이레니우스와 다른 신학자들은 상징적인 해석을 선호

했다. 곧 안식일은 "하나님을 위한 섬김이 하루 종일 걸린다"는 것을 위한 표징일 뿐이라는 것이다"4,16,1. 그리고 그리스도의 새로운 율법 아래에서는 일을 쉬는 것이 아니라 죄짓기를 멈추는 것이 중요하다. 이것이 그리스도인들이 안식일 계명을 지키는 방식이라는 것이다. 가장 심오한 설명은 아우구스티누스에게서 나온다. 그는 안식일 계명에서는 데칼로그에 대한 비유적 설명이 필수적이라고 보았다. 그에 따르면 안식일은 게으름이 아니라 "영적 안식"과 관계된 것이다. 그와는 달리 주일은 한 주간의 첫째 날이자 동시에 여덟 번째 날이다. 주일은 안식일을 일곱 번째 날로 완성하고 창조의 마지막에 있는 안식을 넘어 하나님의 영원성을 가리킨다설교[Predigten] 9,6.

가장 큰 영향을 끼친 해석의 전환은 콘스탄티누스 황제에 의해 이루어졌다. 그는 321년 3월 3일에 일요일을 모든 노동과 상업 활동 같은 일반적인 업무로부터의 쉬는 날로 선포하였으며, 오직 농경과 노예 해방만 허용했다. 이미 농경에 대한 허용이 보여주듯이, 황제는 유대교의 안식일 계명을 거의 생각하지 않았다. 황제의 일요일 법은 특별히 그리스도교 친화적인 것도 아니었다. 태양의 날은 다른 이교도 제의에서 중요한 역할을 했기 때문이다. 4세기 말에서야 비로소 일요일에 일을 쉬는 것에 대한 교회적 해석이 안식일의 의미에서 시작되었다. 이러한 해석으로 인해 주일은 더욱 강하게 그리스도교 안식일이 되었다. 주일은 오늘날까지 – 아무튼 독일에서는 – 그렇게 세속적인 형태로 남아 있다. 독일 연방공화국의 기본법은 1919년 바이마르 헌법 제139조를 통해 다음과 같이 규정한다. "주일과 국가에서 지정한 휴일은 휴무와 정신적 고양의 날로서 법적으로 보호된다." 그래서 주일에는 강제 집행이나 재판 심리가 진행되지 않는다.

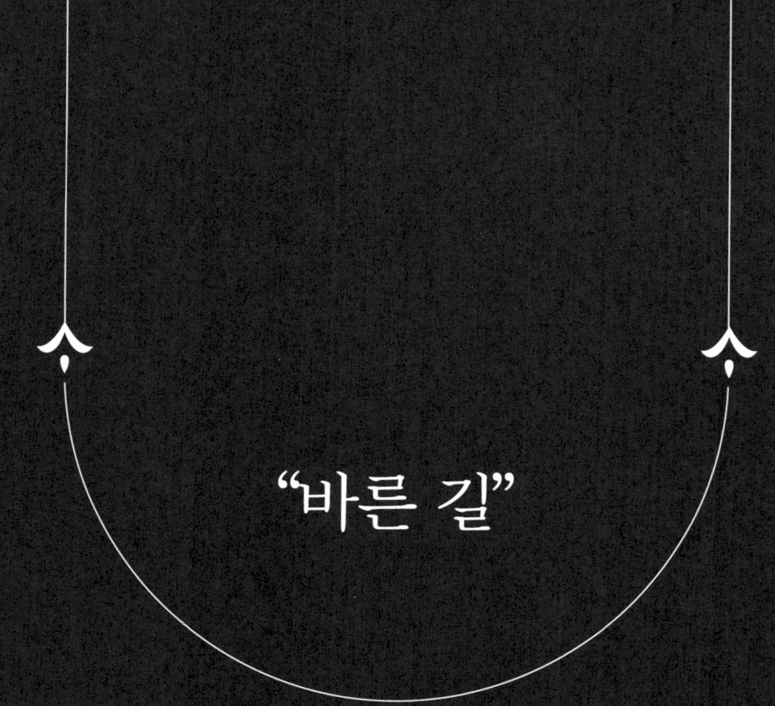

8

쿠란에 있는
십계명의 흔적들

쿠란에서의 모세와 율법

쿠란은 많은 성경 인물을 언급하는데, 그중에서 모세를 가장 자주 언급한다. 그러나 성경에서 기대하듯이 묘사의 비중이 율법의 중개자로서의 모세에 있지 않다. 모세는 쿠란에서 계속해서 하나님이 보내신 자이자 하나님과 유일하게 가까운 예언자로 나타난다. 그는 "하나님이 직접 말씀하시는 자"라는 명예로운 칭호를 지닌다 쿠란 4:164와 7:144. 이 특징은 성경의 모세와 완전히 낯설지는 않지만, 쿠란에서는 특별한 색채를 지닌다. 모세는 유일신 사상을 설교하고 다가올 심판을 경고하도록 하나님의 보내심을 받았다 쿠란 25:35-37. 이를 위하여 그는 하나님에게 "문서"나 "책"을 받는다. 문서의 내용은 더 자세하게 서술되지 않지만 보냄을 받은 사람들 사이에서 그 내용은 본질적으로 다르지 않고 하나님의 메시지 형태에서 차이가 있다. 곧 모세는 토라아마도 쿠란 7:145의 돌판들을 말하는 것 같다를, 다윗은 시편을, 예수는 복음서를 받는다. 모세는 보냄을 받은 모든 사람처럼 특정한 백성 바로 이스라엘에게 보냄을 받았지만, 처음부터 "예언자"로서 "국제적인" 역할을 한다. 그는 선택된 자로서 노아에서 아브라함을 넘어 예수에 이르는 구원의 역사에 위치하며 이제 이 역사의 마지막에는 보냄을 받은 자이자 예언자인 모하메드가 서 있다쿠란 33:7. 쿠란 7장 157절에서 토라신 18:15와 복음서요 15:26에 대한 대담한 해석을 통해 암시하듯이 모세와 예수가 이미 그에 대해 선포했다.

쿠란은 모든 종류의 법적 규정들을 직접 하나님에게 돌린다. 이는 특별히 불순종으로 인해 그들에게 부과된 음식 금지 규정들6:146-147이나 그들에게만 해당되는 안식일 계명4:154에도 적용된다. 쿠란에서 모세는 결코 율법 규정들의 본문을 전하지 않는다. 쿠란 7장에서 시나이산을 기억할 때 부수적으로 "돌판들"을 언급하지만7:145, 그 돌판이 데칼로그를 말하지는 않는다. 하나님이 그 내용 자체를 백성들의 판단에 맡겼기 때문이다. "네 백성에게 명령하라, 그들은 그것들에서 가장 좋은 것을 지켜야 한다!" 데칼로그를 떠올리게 하는 쿠란의 계명 목록 가운데 어떤 것도 모세와 연결되지 않는다. 이는 이러한 계명 목록이 보편적 효력을 가지며 모든 사람에게 유효하다는 것을 말하고 있다고 할 수 있다. 그래서 그 계명 목록은 하나님만을 섬기라는 계명에 이어 순전히 사회 윤리적으로 구성된다.

계명의 목록과 그 대상자들

무슬림이 되기 위해서 기본적으로 유일한 하나님에 대한 신앙 고백이 충분하다고 할지라도 쿠란에는 수많은 명령과 법적 규정들이 들어 있고, 부분적으로는 길게 나열되어 있다. 그중에서 쿠란 6장 151-153절과 17장 22-39절의 두 목록이 확연하게 두드러진다. 이 두 목록에서만 머리말들이 이어지는 명령들을 명백하게 일련의 목록으로 표시하고, 물론 쿠란 전체에 해당하지만 그 명령들을 분명하게 하나님의 말씀으로 표현한다. 내용적으로 이 명령들은 십계명을 상기시키는 요약이다. 따라서 데칼로그가 알려져 있었음에 틀림없다. 전승은 두 목록을 모하메드의 메카 시대에 속하는 것으로 놓고, 더 짧은 6장 151-153절이 나중에 17장 22-39절을 요약한 것으로 여긴다.

6장의 목록은 데칼로그에 매우 가깝다.

[151] 말하라. "이리 와라! 너희의 하나님이 너희에게 금지하신 것을 내가 너희에게 낭독할 것이다.

1. 너희는 그분에게 그의 신성과 동등한 어떤 것도 함께 두어서는 안 된다.

2. 그리고 부모를 너희는 선대하라.

3. 그리고 너희는 가난 때문에 너희의 자녀를 죽여서는 안 된다 ─ 우리가 그들과 너희에게 생계를 보장한다.

4. 그리고 너희는 드러나는 것이든지 숨겨져 있는 것이든지 어떤 혐오스러운 행동들에 관여해서는 안 된다.

5. 그리고 타당한 이유가 있을 때를 제외하고 하나님이 죽이기를 금지하신 사람을 죽여서는 안 된다.

이것을 하나님이 너희에게 명령하셨다. 아마도 너희는 이해할 것이다.

6. [152] 그리고 고아의 재산에 손대지 말라, 그것이 생각할 수

있는 최선의 방식이 아니라면! 그들의 재산이 침해되지 않도록 하라 그들이 성인이 될 때까지 그리고 스스로 그것을 사용할 수 있을 때까지!

7. 그리고 올바르게 정확한 양과 무게를 제공하라! 우리는 그 누구에게도 그가 할 수 있는 것 이상을 요구하지 않는다.

8. 그리고 너희가 증언할 때, 공정해야 한다, 너희가 증언해야 하는 사람이 친족이라 할지라도!

9. 그리고 너희가 하나님에게 약속한 의무를 행하라! 이것을 그분이 너희에게 명령하셨다. 아마도 너희가 지혜로워질 것이다.

메카에 사는 사람들은 시나이산에서 계명을 받은 사람들과 현저히 구별된다. 쿠란의 두 계명 목록 모두 주요 계명으로 시작한다. "하나님을 다른 신들과 함께 두지 말라, 네가 지옥에 떨어져 책망 받고 비난받지 않으려면!" 쿠란 17:22, 39; 6:151 참고. 가장 오래된 쿠란 중 하나에서 모하메드는 청중들에게 자기 독단96:6과 배은망덕에 빠져 있다고 비난한다. 이러한 비난은 무엇보다도 6세기 이후 남아라비아에서 가자와 다마스쿠스까지 전체 무역을 지배하던 무역도시 메카 주민들을 향한 것이다. 그들의 모든 부는 누구의 덕분인가? 바로 메카를 위대하게 만들고 시민을 부유하게 해준 하나님 _{아랍어로 알라} 덕분 아닌가? 그런데 그들은 "카아바의 주님"뿐만 아니라 그 외에 알-라트, 알-우짜, 마나트와 같은 여신들을 숭배했다. 하나님의 성소인 검은 돌은 시간이 흐르면서 그 수가 300이 넘는 _{부족} 신들의 거처가 되었다. 그래서 메카에 있는 이방인들은 자신들의 전통적인 신들을 섬길 수 있었다. 이는 무역 중심지에서 실제적인 이점이었다. 모하메드는 이러한 행위들을 단호히 멀리했다. "너희 믿음이 없는 자들아! 나는 너희가 숭배하는 것을 숭배하지 않는다. 그리고 너희는 내가 숭배하는 것을 숭배하지 않는다 …너희에게는 너희의 종교가, 나에게는 나의 종교가 있다" _{쿠란 109:1-2.}

부유한 상인들에게는 연대 의식이 결여되어 있다. 그들은 정의도 자비도 알지 못하고 자신들의 이익을 절대적인 기준으로 삼는다. 시장에서는 그들의 이익에 양과 저울의 무게가 굴복해야 한다. 그래서 말한다. "너희가 측정할 때 온전한 양을 주고 정확한 저울로 달아라!" _{쿠란 17:35; 6:152.} 특히 후견인이 경제적 어려움에 빠지게 될 때 후견은 특별한 위험에 내맡겨진다. "너는 _{사람들에게 경고된} 심판을 거짓이라고 말하는 사람에 대해 어떻게 생각하는가? 그는

205

고아를 내쫓고 자신에게 속한 사람들에게 가난한 자에게 먹을
것을 주라고 독려하지 않는 자이다"쿠란 107:1-3. "아니다!
너희는 고아에게 잘 베풀지 않고 … 오히려 너희의 피후견인
의 유산을 완전히 먹어 치우고 재물을 무엇보다도 사랑한
다."쿠란 89:17, 19-20 하나님의 명령은 그와 반대이다. "친척
에게 그의 권한에 속한 것을 주어라. 가난한 자에게도 마
찬가지이다… 고아의 재산에 손대지 말라, 최선의 방식이
아니라면, 그가 성인이 될 때까지!"쿠란 17:26, 34; 6:152 참고.

모하메드는 자신이 메카의 부유한 상인들에게만 보내
진 것이 아니라는 것을 알고 있다. 그는 메카 사회의 적지
않은 베두인 가문들에게도 관심을 돌린다. 자신의 경제
적 파탄에까지 이르는 무한한 환대에 대한 베두인의 이상
과 달리 그는 주는 것에 신중할 것을 설교한다. "그러나 낭
비하지 말라! 낭비하는 자들은 사탄의 형제들이다. 그리
고 사탄은 그의 주님에게 감사하지 않는다. 네 손을 완전히
펼치지 말라거리낌 없이 베풂으로써. 그렇지 않으면 비난받고
모든 것을 잃고 앉아 있게 될 것이다"쿠란 17:26-27, 29. 베두인
부족의 생활 방식에서 빈곤에 대한 두려움으로 갓난아이
를 ― 특히 여자아이 ― 죽이는 행위를 금지하고, 과도한
피의 복수에 대해서도 경고한다쿠란 17:31, 33.

　　쿠란의 금지 목록은 전체적으로 데칼로그와 어느 정도 겹치지만 그것은 열 개가 아니라 아홉 개 또는 심지어 열한 개로 구성되어 있다. 이는 의도적인 듯하다. 쿠란 6장에 있는 여섯 개의 금지를 우리는 비슷한 내용과 순서로 십계명에서 알고 있다. 세 개는 십계명에 없는 것들이고, 네 개는 십계명에 있지만 누락되어 있다. 특히 누락된 요소들이 의미하는 바가 크다. 형상 금지, 하나님 이름의 남용 금지, 안식일 계명이 누락되어 있다는 것은 이 목록들이 근본적으로 다른 성격임을 보여준다. 쿠란의 목록은 오로지 이웃에 대한 종교적-사회적 의무만을 언급하지 하나님에 대한 종교적 의무를 말하지 않는다. 이 의무는 다른 곳에 서술되어 있다. 데칼로그에서 의도적으로 연결된 것이 여기에서는 분리된다.

　　우상 금지와 제의 신상 금지는 어쨌든 하나님만을 섬기라는 계명에서 도출되지만, 명시적인 형상 금지 규정은 없다. 이슬람 법학자들은 나중에 그것을 쿠란 59장 23-24절에서 끌어낸다. 창조주의 숭고함에 대한 논증은 출애굽기 20장 4절을 기억하게 한다. 형상 묘사에 대한 일반적인 거부는 세속적인 영역에서는 관철되지 않는다. 이슬람교가 원래 얼마나 그림에 우호적이었는지를 사람들은 수많은 삽화가 포함된 필사본에서 알 수 있다.

쿠란 2장 224-225절은 알라의 이름을 맹세에 함부로 사용하는 것을 금지한다. 안식일 계명의 결여는 하나님과 창조에 대한 완전히 다른 이해와 관련된다. 엿새 동안의 창조 사역 이후 일곱째 되는 날에 있었던 창조주의 안식이 쿠란 50장 38-39절에서는 "피곤함"으로 풀이되며 강하게 거부된다. 게다가 창조는 쿠란에서 "태초에" 있었던 일회적인 사건이 아니라, 하나님이 매 순간 세상을 새롭게 만들어낸다. 그래서 우리의 존재가 이미 하나님의 안식이 거짓임을 증명한다. 따라서 이슬람교에는 일반적인 안식일 계명이 있을 수 없다. 하나님은 그것을 유대인에게만 부과하셨는데, 금송아지를 숭배한 그들의 죄 때문이다 쿠란 4:154. 무슬림에게는 금요일 기도가 안식일을 대신하는데, 이때 상업과 영업이 금지된다. 물론 정오의 기도 시간에만 그러하다 쿠란 62:9-10.

마지막으로 쿠란의 두 목록을 데칼로그와 비교하면 주제의 유사성에도 불구하고 근본적인 차이가 두드러진다. 데칼로그에서도 개별적인 계명들이 다양한 방식으로 확장된 것들을 포함하고 있지만, 그것들이 돌에 새겨진 것과 같은 확정적이고 법령적인 성격이 흐려지지 않는다. 그에 반하여 쿠란에서는 설교의 형식을 띠고 있다. 쿠란 6장 151-153절의 각 구절에 후렴구 형식의 마무리가 나오고 쿠란 17장 22-39절에 동기 부여와 설명이 있다는 점이 이를 보여준다. 쿠란에 있는 데칼로그 방식의 계명들이 급진적이지 않으며 오히려 실용적인 절충을 지향한다는 것은 올바른 지적이다. 예를 들어 친척과 가난한 자들을 돌봄으로 인하여 빈곤해져서는 안 된다. 피의 보복은 국가적 제재 권력이 없었기 때문에 쿠란 17장 33절에서 폐지되지 않지만 강하게 제한된다. 데칼로그에서는 태도보다 행위가 결정적인 역할을 했다면 쿠란의 목록들은 내적 태도에 중점을 둔다. 이를 잘 보여주는 것이 부모 계명이다. 쿠란 17장 25절은 다음과 같이 끝난다. "너희 주님은 너희가 너희 안에 품고 있는 것을 잘 아신다. 너희가 의롭다면 너희가 그의 계명을 철저하게 지키지 못하더라도 그분은 너희의 선한 의도를 인정하신다. 회개하는 사람을 그는 기꺼이 용서하신다". 쿠란에서 데칼로그 방식이 향하고 있는 것은 하나님과의 결속을 통한 자유의 보존이 아니라 "오직 하나님에게 속하는 위대함 앞에서 인간의 자기 제한에 대한 요구"앙겔리카 노이비르트이다.

209

그리스도인의
"실천 규범"

9

루터의 십계명

십계명은 중세 시대에는 특별한 역할을 하지 않았다. 13세기 이후에서야 고해성사와 관련하여 점차 사용되었다. 십계명의 대중화는 특히 마르틴 루터1483-1546년의 덕택이다. 그는 1544년부터 "대교리문답"으로 불리는 "독일어 교리문답"을 쓰는 동안 "소교리문답"을 쓰기 시작했다. "소교리문답"은 "대교리문답"의 발췌가 아니라 하나의 독립적인 책이다. 이 책은 원래 날마다 가족과 하인들을 신앙적으로 교육하는 가장들을 돕기 위한 것으로 기억하기 쉬운 표현들로 되어 있다.

15세기 말 신앙 교육의 네 가지 기본 요소는 사도신경, 주기도문, 십계명, 성모송이었다. 루터는 이러한 중세 전통을 따르면서 성모송을 삭제하고 데칼로그를 의도적으로 신앙고백과 주기도문보다 앞에 둠으로써 중요한 변화를 시도한다. 십계명은 사람이 해야 할 것과 하지 말아야 할 것을 가르친다. 신앙고백은 하나님이 행하시는 것과 주시는 것을 말한다. 주기도문은 사람이 하나님의 은혜를 어떻게 "간구하고 얻고 자기 것으로 만들어야" 하는지를 보여준다. 계명들은 그 자체만으로는 지킬 수 없다. 그래서 신앙이 필요하다. 그 핵심에는 사도신경 두 번째 조항이 있다. 곧 "그리스도 안에서 보여주시고 베푸신 하나님의 은혜"다.

루터에게 십계명은 이를 통하여 하나님이 창조와 함께 모든 사람의 마음에 심어 놓으신 "자연법"을 친히 기억하게 하신다는 점에서 반드시 필요하다. "모세가 십계명에 기록한 것을 우리는 본능적으로 우리의 양심 속에서 느낀다"WA 16,431. 그러나 계명들은 하나님이 "자연법"과 함께 모든 사람의 마음에 쓰신 것과 다르지 않다면 무엇을 위해 필요한가? 루터는 사람이 자신의 양심을 억누르는 경향이 있다고 날카롭게 지적한다. 그래서 하나님은 십계명으로 자연법을 기억나게 하시고 양심을 일깨우신다. 이러한 상기의 역할로서 데칼로그는 세상의 다른 모든 법보다 우월

하다. 어디에도 "자연법이 모세의 율법만큼 정교하고 질서 있게 기록된 곳은" 없다WA 18,81. 이 점에서 루터는 완전히 고대 교회의 전통에 서 있다.

또한 그는 데칼로그가 자연법 외에 또 다른 요소들을 지니고 있음을 분명하게 인식한다. 하나님이 우리를 이집트에서 이끌어내셨는가? 안식일은 유대교의 제의법에 속하지 않는가? 이스라엘에만 유효한 요소들과 관련하여 데칼로그는 "유대인의 작센슈피겔"과 다르지 않다WA 24,9. 루터는 계명들의 문자적 의미를 고수하고 그것을 상징적으로 해석하지 않는다. 데칼로그는 자연법과 동일시되는 한에서만 그리스도인과 이방인에게 의미가 있을 수 있다. 이러한 점에서 십계명은 지속적인 유효성을 갖는다. 그것은 "우리 삶의 거울로서 우리에게 무엇이 부족한지를 우리가 보게 한다"WA 24,14.

이러한 구분을 통해 루터는 놀라울 정도로 데칼로그의 본문을 자유롭게 다루게 된다. 서문은 금지나 명령을 하지 않으므로 생략된다. 자연법에 속하지 않는 것과 오직 이스라엘과만 관련된 내용이집트에서 이끌어내심에 대한 기억과 루터가 이방신 금지에 포함되는 것으로 보는 우상 금지이 재해석된다예를 들어 안식일을 휴일로. 1531년 이후에는 성경 본문에 맞출

것을 더욱 강조하면서도 이 점은 변하지 않았다. 서문에서는 은혜를 강조하는 문구만을 취하고 부모 계명에서의 약속은 출애굽기 20장 12절이 아닌 에베소서 6장 3절의 형태로 나타난다. 이렇게 하여 십계명의 보편적 의미가 유지된다.

루터는 두 돌판을 사랑의 이중 계명으로 해석함으로써 아우구스티누스를 따른다. 물론 그에게 첫 번째 돌판은 특별한 의미를 가진다. 이 돌판의 세 계명에서만 하나님이 우리와 함께 행하시고 우리가 "어던 피조물의 매개 없이" 하나님과 행하기 때문이다 WA 6,229. 더불어 루터는 형상 금지를 첫 번째 계명의 특별한 사례로 놓고 완전히 첫 번째 계명에 종속시킨다.

두 번째 돌판의 금지들은 각각 이웃의 특별한 소유, 곧 몸과 생명, 아내와 자녀, 돈과 재산, 경예와 좋은 평판을 보호한다. 루터는 탐심에 대한 금지를 아홉 번째와 열 번째로 나누지만, 도둑질과 간음의 짧은 금지에 비해 이 금지가 갖는 특별한 성격을 선명하게 하는 데 어려움을 겪게 된다. 그가 이 금지들을 매우 폭넓게 해석하기 때문이다. 아무튼 그는 두 번째 돌판의 금지 계명들을 하나님이 우리로부터 이웃을 보호하시려고 하는 담장으로 해석한다.

루터는 두 개의 교리문답에서 첫 번째와 여섯 번째 계명을 제외하고 모든 계명을 소극적 측면과 적극적 측면 모두에서 언급한다. 마태복음 5장 3-9절의 "일곱 가지 복", 마태복음 25장 42-43절의 "일곱 가지 자비의 행위", 갈라디아서 5장 22절의 "성령의 열매"와 함께 전통적으로 계명들의 준수를 적극적으로 설명하는 수많은 방식이 있었지만, 루터는 이러한 방식을 받아들이고 특별히 숙고하면서 적용한다. 이를 통해 그는 예수의 산상수훈에 있는 안티테제의 범례를 따라 모든 계명을 단순한 형식적 준수에서 벗어나게 한다. 계명들은 피해를 막는 것뿐만 아니라 이웃을 위한 도움과 선의 촉진을 목표로 한다. 그래서 십계명은 "선한 모든 것이 그로부터 솟아나고 그 안에서 움직여야 하는 원천이자 수로가 되니, 십계명 말고는 어떤 행위나 존재도 선하지 않고 하나님을 기쁘게 할 수 없다"EB 2,83-84.

첫 번째 계명은 루터에게 가장 중요한 의미를 갖는다. 이 계명은 이미 성경에서도 다른 모든 것에 대조된다. 경고와 약속이 함께 주어지는 유일한 계명이기 때문이다출 20:5b-6. 루터는 서문에서 은혜의 선언 "나는 주 너의 하나님이다"를 취하고 그것을 "너는 나 외에 다른 신을 섬기지 말라”는 금지와 결함함으로써 그 특별한 지위를 고려한다. 그는 소교리문답에서 “우리는 하나님을 모든 것 위에 두고 경외하고 사랑하며 신뢰해야 한다”라는 독특한 해석을 통해 첫 계명을 특별히 강조한다. 또한 그는 각각의 계명을 설명하면서 이 첫 계명의 핵심을 축약하여 반복적으로 인용한다. 마지막으로 그는 출애굽기 20장 5-6절의 경고와 약속을 십계명 전체의 결론에 배치하여 첫 계명이 다른 모든 계명의 근간이 되도록 한다. 이후에 서문의 “나는 너의 주 하나님이다”를 첫 계명에 추가해 그 의도를 더욱 강화한다.

각 계명에 대한 설명에서 루터는 마치 지진계처럼 예민하게 성경 본문을 읽는 독자임이 드러난다. 그는 원래의 단어 의미와 개별 계명에서 파악된 삶의 상황을 정확하게 파악하는 탁월한 감각을 지니고 있다. 하나님과 이웃의 대비 구조에서 이웃 사랑이 윤리적 기본 규칙이 된다. 이를 통해 루터는 십계명의 각 계명을 자기 시대의 변화된 삶의 상황에 맞게 해석하는 데 성공한다.

루터는 십계명을 하나님이 주신 “최고의 보물”로 여겼다EB 2,87. 300년 뒤에 테오도르 폰타네는 그의 소설 엘런 클리프에서 목사 죄르겔을 통해 마지막 교리문답 수업에

217

서 최종 교리문답을 받는 소녀에게 말한다. "힐데야, 너는 십계명을 가지고 있다. 그것을 지켜라. 그것에는 모든 것이 들어있기 때문이다. 곧 영원하신 하나님과 휴일. 그리고 너는 부모를 공경해야 한다. 그리고 그것에는 우리를 붙들어주는 법이 있다. 그 법이 없다면 우리는 가장 비천한 피조물보다 더 나쁘고 비참하게 될 것이다. 그래, 아이들아, 우리에게는 많은 높은 산봉우리가 있다. 그러나 모세가 서 있던 산봉우리 그것이 가장 높다. 그것은 하늘에까지 닿아 있다…"

성경의 데칼로그는 이미 대부분 이스라엘의 특별한 규범을 전하지 않는다. 오히려 그것은 ─ 특히 두 번째 돌판에서 ─ 언제 어디에서나 유효한 것을 구현한다. 필론은 이미 이것을 알았고, 교부들도 이것을 올바르게 확인했다. 루터는 이러한 시도를 철저하게 밀어붙여 십계명 전체를 "자연법"의 표현으로 해석한다. 그 점에서 그는 놀라울 정도로 현대적이다. 그의 해석에는 윤리적 진술들이 사회적 의미를 갖기 위해서 중립적인 세계관을 갖는 나라의 보편적 타당성에 대한 정당한 요구를 충족시킬 수 있어야 한다는 점이 고려되고 있기 때문이다.

에필로그

10

십계명,
인간의 권리와 의무

밤베르크 궁전에서 열린 주교들의 연회에서 로마법과 교회법 박사인 올레아리우스는 529년에 나온 황제 유스티니아누스 법전을 극찬한다. "이 책은 모든 법률의 모음집으로 모든 책 중의 책이라고 부를만하다. 모든 사건에 대한 판결이 준비되어 있고 부족하거나 애매한 것은 뛰어난 학자들이 이 탁월한 작품을 장식해 놓은 주석들이 보충한다". 수도원장이 끼어든다. "모든 법률의 모음집! 세상에! 십계명도 들어 있겠군". 그러자 올레아리우스가 말한다. "암묵적으로는 그렇지만 명시적으로는 아니다." 그는 옳았고 그와 같은 생각으로 괴테는 이 장면을 자신의 작품 **"괴츠 폰 베를리힝겐"** 제1막에서 연출한다. 십계명은 어떤 법전에도 없다. 그러나 십계명이 어떤 법률집에 들어갔다고 하더라도, 이를테면 9세기 앵글로색슨 왕 알프레드의 법률집처럼, 법에 대하여 실질적인 효력을 갖지 않는다. 거기서 데칼로그, 황금률, 사랑의 이중 계명은 실제의 법조항들과 분명하게 구별되어 서문에 배치되어 있기 때문이다. 실정법은 단지 데칼로그에 있는 신적 법을 구체적으로 적용한 것이다. 십계명은 법을 형성하는 기능을 갖지 않는다. 그러나 법조문의 행간에서 계속해서 십계명을 발견할 수 있다. 데칼로그의 두 번째 돌판이 금지하고 있는 것이 오늘날 형법이 더 복잡한 규정들에서 다루고 있는 범죄 유형들에 속하기 때문이다. 때로는 형법을 십계명에 따라 체계화하려는 시도가 있었지만 십계명의 체계가 복잡한 범죄 유형들에 적합하지 않기 때문에 그만두게 되었다.

법과 윤리의 성경적 결합과 십계명은 근대에 사람들이 전혀 예상하지 못하는 곳에서 나타난다. 프랑스혁명의 표어인 "자유, 평등, 박애"는 1793년 6월 24일 프랑스 헌법 제2조에서 "평등, 자유, 안전, 재산"의 형태로 나타난다. 이는 신명기 법전과 그것의 "형제 윤리"에 대한 설교의 요약처럼 읽힌다. 자코뱅 독재가 몰락한 뒤 1795년 8월 22일에 제정된 헌법은 명백하게 **인간과 시민의 권리와 의무에**

대한 선언”으로 간주된다. 의무 제2조는 황금률의 부정적 형태와 긍정적 형태를 “자연에 의해 모든 마음에 새겨진” 근본 원칙으로 앞세운다. “사람들이 너희에게 행하기 원치 않는 것을 다른 사람들에게 행하지 말라. 너희가 받기를 원하는 선을 다른 사람들에게 계속해서 베풀어라.” 유감스럽게도 이러한 근본 원칙에 따른 의무 목록은 좋은 아들, 아버지, 형제, 친구, 배우자가 되라는 훈계와 함께 진부한 것으로 전락한다. 의무 목록은 더 좋은 것이 될 수 있었을 것이다. 이미 아우구스티누스가 황금률로 십계명을 요약하고 그보다 훨씬 이전에 지혜로운 시락 집회 31:15, 예수 마 7:12, 랍비 힐렐 탈무드 바빌로니아판 안식일 31a 이 전체 토라를 요약했기 때문이다. 황금률은 고대 대중 철학에 사용되었고 중국에까지 퍼졌지만, 프랑스 헌법에는 성서 전통에 의해 들어온 것이다.

1948년 12월 10일 유엔이 채택한 “세계인권선언”은 성경, 계동주의, 프랑스혁명의 전통에 서 있다. 제1조는 다음과 같다. “모든 사람은 자유롭고 존엄성과 권리에서 평등하게 태어났다. 그들은 이성과 양심을 가지고 있으며, 서로를 형제애의 정신으로 대해야 한다.” 마지막 문장은 이성에 근거하여 계몽주의 유산을 보존하고 형제애 정신에 대한 의무와 함께 프랑스혁명의 초기 이상을 유지한다. 반면에 첫 번째 문장은 모든 사람에게 동일한 방식으로 주어지는 존엄성과 함께 성경에 있는 인간에 대한 근본 규정을 기억하게 한다. 곧 모든 사람은 "하나님의 형상"으로 창조되었다창 1:26-27. 유대교와 그리스도교는 이에 근거한다. 이 규정은 그에 대한 자연법적 해석어서 보자면 서양 사회의 인간관에 대한 근본 요소에 속하고 심지어 독일 기본법에도 반영되었다. 곧 "인간의 존엄성은 침해될 수 없다."

인권은 마땅히 지켜져야 할 것으로 규정함으로써 처음부터 상당한 정도의 윤리적 동기가 포함된다. 권리로부터 의무가 생겨난다. 그렇지 않으면 권리는 각자가 다른 사람을 불리하게 만들기 위해 이용하는 공허한 주장으로 남는다. 법과 윤리는 구별되어야 하지만 어떤 경우에도 분리되어서는 안 된다. 그렇지 않으면 결국 권리는 20세기의 경험들이 보여주듯이 파괴된다. 그래서 유엔이 세계인권선언을 채택한 지 50주년을 앞두고 헬두트 슈미트가 명예회장으로 있는 인터액션 카운슬은 인곤을 세계적인 윤리적 기준으로 보완하려는 새로운 시도를 한다. 인터액션 카운슬은 이전의 국가원수와 정부 수반들의 비공식적인 연합으로 1983년 국제적 연합의 증진과 개선을 위해 설립되었다. 이 연합에 약 30명의 구성원이 속해 있다. 수년간 "세계 윤리 프로젝트"에 매진한 한스 큉의 협력 아래 인터액션 카운슬은 마침내 1997년 9월 1일 "세계인권선언"을 내놓는다. 이 선언은 형식에서 1948년의 인권선언을 따르고 내용에서는 1993년 제2차 세계종교의회의 선언을 받아들인다.

이 선언은 다섯 부분으로 이루어져 있다. 첫 부분에는 "모든 사람은 사람답게 대우받아야 한다"는 요구가 황금률과 인간애의 두 원칙과 함께 놓여 있다. 이 원칙들은 이어지는 네 부분에 의해 채워지는 윤리적 지침의 틀을 형성한다. 이 네 부분에서는 데칼로그의 두 번째 돌판의 네 가지 금지를 받아들인다. 그것들은 각각 적극적 실천과 소극적 금지로 구체화된다. 그 선택의 기준에는 모든 사람이 출신, 종교, 성별 등에 상관없이 동등하게 받아들여질 수 있다는 주장이 반영되어 있다.

"살인하지 말라!"는 금지는 "비폭력과 생명에 대한 경외심"제5-7조이라는 제목 아래 "생명을 존중할 의무"에 나타난다. 이는 정당한 자기방어에 대한 권리를 배제하지 않으면서도 절대적인 보호가 사람에게 적용되는데, "모든 사람은 무한히 소중하기" 때문이다. 생명에 대한 경외심은 동물과 환경에 대한 보호를 포함한다. "모든 사람은 현재와 미래의 세대를 위해 공기, 물, 땅을 보호해야 할 의무를 갖는다"제7조.

"너는 도둑질하지 말라!"는 금지는 "정의와 연대"라는 제목 아래 다루어지는 "청렴하고 정직하고 공정하게 행동할 의무"제8-11조에서 다시 발견된다. 소유권에는 "가난, 영양 결핍, 무지, 불평등을 극복하기 위해"제9조 노력해야 할 책임이 함께 있다. 이에 상응하여 모든 개인은 "자신의 능력을 부지런함과 노력으로 발전시켜야 할"제10조 의무가 있다.

"진실과 관용"제12-15조이라는 표제 아래 "너는 네 이웃에 대해 거짓 증언하지 말라!"는 금지가 "진실하게 말하고 행동해야 할 의무"로 나타난다. 이는 언론 자유의 책임 있는 행사제14조뿐만 아니라 종교의 자유제15조를 포함한다. 더불어 종교 대표자들에게 명백하게 "다른 신앙을 가진 사람들에 대한 선입견과 차별적 행위를 피할" 그리고 "모든 사람 사이에서의 관용과 상호 존중을 증진할" 의무가 부과된다.

마지막 부분은 "상호 존중과 동반자 관계"를 다룬다. 모든 남성과 여성은 "동반자 관계에서 서로에 대한 존중과 이해를 보여야 할 의무"를 갖는다 _{제16-18조}. 간음 금지가 특정한 성경적 배경에 묶여 있었지만 여기서는 21세기의 현실에 맞게 받아들여진 것으로 보인다. 제18조는 부모와 자녀와의 관계에서 "서로 간의 사랑, 존중, 인정, 배려"에 대해 분명하게 말한다.

이전에 밀라노의 주교 암브로시우스는 자신의 윤리학에서 "의무"라는 범주 아래 십계명을 다루었는데, 두 번째 돌판에 대한 그의 해석은 1997년 "세계인권선언"의 토대가 되었다. 이는 이미 헬레니즘 유대교, 초기 그리스도교, 토마스 아퀴나스, 루터가 십계명을 "자연법"으로 해석했기 때문에 가능했다. 모든 사람의 마음에 기록된 것은 또한 모든 사람이 기억할 수 있다. 양심 속에 이러한 의무가 없다면 우리는 인간다움을 상실하게 된다.

데칼로그의 두 형태

쉽게 비교할 수 있도록 두 형태에서 서로 다른 부분은 굵게 표시했고, 한 형태에만 있는 부분은 굵은 이탤릭체로 표시했다.

출 20:2-7	신 5:6-21
2 나는 야훼, 너를 이집트 땅에서 종 되었던 집에서 너를 이끌어낸 네 하나님이다.	6 나는 야훼, 너를 이집트 땅에서 종 되었던 집에서 너를 이끌어낸 네 하나님이다.
3 나를 대신하여 다른 신들을 두지 마라.	7 나를 대신하여 다른 신들을 두지 마라.
4 너를 위하여 어떤 우상도 곧 어떤 형상도 만들지 마라, 위로 하늘에 있는 것이나 아래로 땅에 있는 것이나 땅 아래 물속에 있는 것이나 5 그것들에게 절하지 말며 그것들을 섬기지 마라. 나 야훼 네 하나님은	8 너를 위하여 어떤 우상도, 어떤 형상도 만들지 마라, 위로 하늘에 있는 것이나 아래로 땅에 있는 것이나 땅 아래 물속에 있는 것이나 9 그것들에게 절하지 말며 그것들을 섬기지 마라. 나 야훼 네 하나님은

질투하는 하나님인즉
나를 미워하는 선조들의 죄를
갚되
후손들에게, 삼사 대까지 이르
게 할 것이나

6 나를 사랑하고 내 계명을 지
키는 사람들에게는 수천 대까
지 은혜를 베푼다.

7 야훼 네 하나님의 이름을 헛
되이 입에 올리지 마라.
야훼는 그의 이름을 헛되이
입에 올리는 사람을 죄 없다
하지 않기 때문이다.

8 안식일을 **기억하여** 거룩하
게 해라.

9 엿새 동안 일하고
모든 일을 해도 좋다,
10 그러나 일곱째 날은
야훼 네 하나님을 위한 안식
일이다.
너는 아무 일도 하지 마라,

질투하는 하나님인즉
나를 미워하는 선조들의 죄를
갚되
후손들에게 **그리고** 삼사 대까
지 이르게 할 것이나

10 나를 사랑하고 내 계명을
지키는 사람들에게는 수천 대
까지 은혜를 베푼다.

11 야훼 네 하나님의 이름을
헛되이 입에 올리지 마라.
야훼는 그의 이름을 헛되이
입에 올리는 사람을 죄 없다
하지 않기 때문이다.

12 안식일을 **지켜** 거룩하게
해라, **야훼 네 하나님이 네게
명령하신 대로.**

13 엿새 동안 일하고
모든 일을 해도 좋다,
14 그러나 일곱째 날은
야훼 네 하나님을 위한 안식
일이다.
너는 아무 일도 하지 마라,

너도 네 아들도 네 딸도,
네 남종도 네 여종도
네 가축도 네 성문 안에 머무
는 나그네도.

11 엿새 동안 야훼가 하늘, 땅,
바다와 그 안에 있는 모든 것
을 만드시고
일곱째 날에 쉬었기 때문이다.
그러므로 야훼가 안식을 복되
게 하고 거룩하게 했다.

12 네 아버지와 네 어머니를
존귀하게 여겨라,

그러면 야훼 네 하나님이 네
게 줄 땅에서 네가 오래 살 것
이다.

13 살인하지 마라.

너도 네 아들도 네 딸도,
네 남종도 네 여종도
네 소와 네 나귀도
네 모든 가축도 네 성문 안에
머무는 나그네도,
**그래서 네 남종과 네 여종이
너처럼 쉴 수 있게 하라.**
15 기억해라, 네가 이집트 땅
에서 종이었다는 것과 야훼
네 하나님이 거기로부터 너를
강한 손과 펴신 팔로 이끌어
냈다는 것을.
그러므로 야훼 네 하나님이
안식을 지키라고 명령했다.

16 네 아버지와 네 어머니를
존귀하게 여겨라,
**야훼 네 하나님이 네게 명령
한 대로,**
그러면 야훼 네 하나님이 네
게 줄 땅에서
네가 오래 살 것이다,
그리고 잘될 것이다.

17 살인하지 마라.

14 간음하지 마라.	18 **그리고** 간음하지 마라.
15 도둑질하지 마라.	19 **그리고** 도둑질하지 마라.
16 네 이웃에 대해 **거짓** 증인으로 증언하지 마라.	20 **그리고** 네 이웃에 대해 **기만적인** 증인으로 증언하지 마라.
17 네 이웃의 **집**을 노리지 마라. 네 이웃의 아내를 **노리지** 마라, 그리고 그의 남종이든 그리고 그의 여종이든 **그리고** 그의 소든 나귀든 그리고 네 이웃에 속한 모든 것을.	21 **그리고** 네 이웃의 **아내를** 노리지 마라, **그리고** 네 이웃의 **집**을 **욕심내지** 가라, **그의 밭이든** 그리그 그의 남종이든 그리그 그의 여종이든 그의 소든 나귀든 그리그 네 이웃에 속한 모든 것을.

미주

13-14쪽: H. Rauschning, in: Vorwort zu *The Ten Commandments*, New York 1943, übersetzt von K. Hamburger in: Th. Mann, Das Gesetz. Dichtung und Wirklichkeit, Frankfurt/M. 1964, 201f.

14-15쪽: Th. Mann, Das Gesetz, in: Ders., Erzählungen, Berlin(-Ost) 1955, 864-933; Ders., Politische Schriften und Reden 3, Frankfurt/M. 1968, 251.

16-17쪽: N. Larisch, Gerichtshaus Bremen. Baugeschichte, Handwerkskunst, Allegorie, Bremen 1985, 34f. - 미국의 공공건물 앞이나 내부에 있는 십계명 돌판들에 대하여 F.W. Graf, Moses Vermächtnis. Über göttliche und menschliche Gesetze, München 2006, 60-64.

18-19쪽: F.D.E. Schleiermacher, Idee zu einem Katechismus der Vernunft für edle Frauen, in: Die Zehn Gebote. Eine Reihe mit Gedanken und Texten, hg. v. H. Albertz, Bd. 12, Stuttgart 1989, 84-85; Die Zehn Gebote der sozialistischen Moral, in: Ebd., 100.

21쪽: J.W. von Goethe, Die Wahlverwandtschaften (18. Kapitel), in: Goethes Werke. Hamburger Ausgabe in 14 Bänden, Bd. 6, 481ff.

22쪽: Dieter Hildebrandt laut P. Sandmeyer und Chr. Alvensleben, Die neuen Zehn Gebote. Welche Werte heute wichtig sind, in: STERN Nr. 52 vom 19.12.2001, 62.

40쪽 이하: 함무라비법전은 R. Borger, *Texte aus der Umwelt des Alten Testaments*, Bd. I, Gütersloh 1982, 39-80에서 인용했다.

54쪽: 바빌로니아 탈무드는 L. Goldschmidt, Der babylonische Talmud,
9 Bde., Berlin 1897-1935, Bd. 7, 606 (Makkot 24a)에서
인용했다.

61-62쪽: J. Calvin, Unterricht in der christlichen Religion. *Institutio
Christianae Religionis*, übersetzt und bearbeitet von O. Weber,
Neukirchen-Vluyn 1955. - Der Heidelberger Katechismus,
in: Evangelische Bekenntnisse. Bekenntnisschriften der
Reformation und neuere Theologische Erklärungen, hg. v. R.
Mau, Teilband 2, Bielefeld 1997, 131-177.

76쪽: L. Perlitt, Bundestheologie im Alten Testament(WMANT 36),
Neukirchen-Vluyn 1969, 86.

84쪽: R. Smend, Das Gesetz im Alten Testament (1981), in: Ders., Die
Mitte des Alten Testaments. Exegetische Aufsätze, Tübingen
2002, 124.

85쪽 이하: 고대 근동의 텍스트들은 별도의 표시가 없는 한 *Texte
aus der Umwelt des Alten Testaments* (= TUAT), Bde. I-III,
Gütersloh 1982-2001와 TUAT Neue Folge, Bde. I und II,
Gütersloh 2004, 2005에서 인용한 것이다.

91-93쪽: P. Cornelius Tacitus, Historiae, Lateinisch-deutsch, hg. v. J.
Borst, München ³1977, (5,13,1; 5,4,1). - Apollonius Molon bei:
Josephus, *Contra Apionem*, in: Flavius Josephus, Kleinere
Schriften übersetzt und mit Einleitung und Anmerkungen
versehen von H. Clementz, Wiesbaden 1993, 170, 157. - M.
Tullius Cicero, Vom Wesen der Götter. Drei Bücher, lateinisch-
deutsch, herausgegeben, übersetzt und erläutert von W. Gerlach
und K. Bayer, München 1978, (II 12-13).

93-94쪽: F.D.E. Schleiermacher, Der christliche Glaube, Berlin ²1835,
43.

94쪽: M. Krebernik, M. Weinfelds Deuteronomiumskommentar aus as
syriologischer Sicht, in: G. Braulik (Hg.), Bundesdokument und
Gesetz, Freiburg 1995, 31.

98쪽: *Neo-Assyrian Treaties and Loyalty Oaths*, ed. by S. Parpola and K.
Watanabe (SAA II), Helsinki 1988의 번역 참조.

99-100쪽: Handbuch der althebräischen Epigraphik (= HAE), Bd. I: J.
Renz, Die althebräischen Inschriften, Darmstadt 1995, 61,
207-211.

104-105쪽: Die Mischna ins Deutsche übertragen, mit einer Einleitung
und Anmerkungen von D. Correns, Wiesbaden 2005, 577
(Traktat Aboda zara 3,4).

108-109쪽: BBS 36판의 텍스트는 부분적으로 다음에 번역되어
있다. A. Berlejung, Die Theologie der Bilder. Herstellung
und Einweihung von Kultbildern in Mesopotamien und die
alttestamentliche Bilderpolemik (OBO 162), Fribourg 1998,
141-149.

113쪽: Hekataios von Abdera u.a. in der Sammlung: *Greek and Latin
Authors on Jews and Judaism*. Ed. with Introductions,
Translations and Commentary by Menahem Stern, 3 Bde.,
Jerusalem 1974-1984, Bd. 1, 26ff. - Flavius Josephus, *Contra
Apionem*, I 198f., Tacitus, *Historiae* 5,9 (위의 91-92쪽을 보라).

118쪽: Flavius Josephus, *De Bello Iudaico*. Der Jüdische Krieg. Griechisch
und Deutsch. Herausgegeben und mit einer Einleitung
sowie mit Anmerkungen versehen von O. Michel und O.

Bauernfeind, 3 Bde., Darmstadt 1962-1969, Bd. II/1, 141
(5,216 -219).

118-119쪽: Flavius Josephus, Jüdische Altertümer. Übersetzt und mit
Einleitung und Anmerkungen versehen von H. Clementz,
Wiesbaden ⁸1989, 152 (*Antiquitates Iudaicae* III 5,5).

121쪽: Enuma Elisch의 시작 부분에서 약간 다른 번역에 대해 W.G.
Lambert in: TUAT, Bd. III, 569 참고하라.

123쪽: Didache. Zwölf-Apostel-Lehre, übersetzt und eingeleitet von
Georg Schöllgen (FC 1), Freiburg ²1992, 25-139.

133-134쪽: W. Caspari, Die Bedeutungen der Wortsippe kbd im
Hebräischen, Leipzig 1908, 34, 40.

135쪽: 누지와 우가릿 텍스트들은 R. Albertz가 Hintergrund und
Bedeutung des Elterngebots im Dekalog (1978), in: Ders.,
Geschichte und Theologie. Studien zur Exegese (BZAW 326),
Berlin 2003, 157-186에서 논한다

137쪽: Isokrates의 훈계 연설 일부를 H. Jungbauer가 《Ehre Vater und
Mutter》 (WUNT II/146), Tübingen 2002, 144에서 소개한다.

143-144쪽: R. Borger의 Codex Hammurapi의 번역이 TUAT, Bd. I,
39-79에 있다.

150-151쪽: G. Wallis, Artikel *ḥamad*, ThWAT II, Stuttgart 1977, Sp.
1024.

157쪽: Josephus, *Antiquitates* 11, 298ff. (위의 118-119쪽을 보라).

158-161쪽: 사마리아인들의 데칼로그에 대하여 J. Zangenberg,
SAMAREIA. Antike Quellen zur Geschichte und Kultur der
Samaritaner in deutscher Übersetzung (TANZ 15), Tübingen

1994, 183f.를 참고하라.

164-165쪽: N. Meisner, Der Aristeasbrief, in: Jüdische Schriften aus
hellenistisch-römischer Zeit, Bd. II/1, Gütersloh 1973, 35-87
(§ 131-133; 168; 171).

165-167쪽: Philo, *De Decalogo*, in: Philo von Alexandria, Die Werke in
deutscher Übersetzung hg. von L. Cohn u.a., Berlin 1962, Bd.
I, 369-409(데칼로그에 대하여); Ders., *De specialibus legibus*, in:
Bd. II, 3-314(개별 법률에 대하여).

166쪽: G. Stemberger, Der Dekalog im frühen Judentum, in: Jahrbuch
für Biblische Theologie, Bd. 4: 《Gesetz》 als Thema Biblischer
Theologie, Neukirchen-Vluyn 1989, 93.

167쪽 이하: Josephus, *Antiquitates* (118-119쪽을 보라), 특히 152f. (III 89-
94).

168쪽: U. Kellermann, Der Dekalog in den Schriften des Frühjudentums.
Ein Überblick, in: H. Graf Reventlow (Hg.), Weisheit, Ethos
und Gebot. Weisheits- und Dekalogtraditionen in der Bibel
und im frühen Judentum (BThSt 43), Neukirchen-Vluyn 2001,
147-226, 특히 182, 177.

170-171쪽: 파피루스 내쉬에 대해 U. Kellermann, in: H. Graf
Reventlow (Hg.), Weisheit, Ethos und Gebot, Neukirchen-
Vluyn 2001, 211f.을 보라.

172쪽: Mischna, Traktat Tamid 5,1 (위의 104-105쪽을 보라), 752 (Traktat
Sanhedrin 11,3, 527); Talmud (위의 54-55쪽을 보라), Bd. 1, 41f.
(Traktat Berachot 12); Pesiqta Rabbati 21,19.4, in: A. Wünsche,
Bibliotheca Rabbinica III, Leipzig 1882, 147, 143.

182쪽: Gaius Plinius Caecilius Secundus, Briefe. Lateinisch-deutsch. Ed.

Helmut Kasten, München ⁴1979, 640-645. - Justin, in: Die
Apologeten. Ausgewählt und übersetzt von H. Ristow (Quellen
Heft 2/I), Berlin 1963, 21-94 (Apologie I an Antoninus Pius).

182-183쪽: Didache (위의 122-123쪽을 보라).

185쪽: Irenäus von Lyon, Adversus haereses. Gegen die Häresien, Buch
IV, übersetzt und eingeleitet von N. Brox (FC 8/4), Freiburg
1997, 8-99, 102-103 (13,2.4), 122-123 (16,4).

185-186쪽: Des heiligen Philosophen und Martyrers Justinus Dialog
mit dem Juden Tryphon aus dem Griechischen übersetzt und
mit einer Einleitung versehen von Ph. Haeuser (Bibliothek der
Kirchenväter), München 1917, 153-155 (93,1). – Tertullian,
Adversus Iudaeos, in: Tertullians private und katechetische
Schriften neu übersetzt, mit Lebensabriss und Einleitungen
versehen von K.A.H. Kellner (Bibliothek der Kirchenväter),
München 1912, 304 (*Adv. Iud. 2*). - Des Origenes acht Bücher
gegen Celsus aus dem Griechischen übersetzt von P. Koetschau
(Bibliothek der Kirchenväter), München 1927, Teil II, 57 (5,37).

187-188쪽: Des heiligen Kirchenlehrers Ambrosius von Mailand
Pflichtenlehre und ausgewählte kleinere Schriften übersetzt
und eingeleitet von J.E. Niederhuber (Bibliothek der Kirchenväter),
München 1917, 28-29 (I 11,37).

189-191쪽: Aurelius Augustinus, Geist und Buchstabe. *De spiritu et
littera liber unus*. Übertragen von A. Forster OSB, München
1968, 67, 65. - Augustinus, *Quaestionum in Heptateuchum
libri VII* (CSEL XXVIII/2), Wien u.a. 1895, 135-140. -
Augustinus von Hippo, Predigten zu den Büchern Exodus,

239

Könige und Job (*sermones* 6-12). Einleitung, Text, Übersetzung
und Anmerkungen von H.R. Drobner (Patrologia, Bd. 10),
Frankfurt/M. 2003, 114-119, 136-139 (*sermo* 8,4-6.18), 90-
191, 194-195 (*sermo* 9,14.16).

192-193쪽: Thomas von Aquin, Vollständige, ungekürzte deutsch-
lateinische Ausgabe der *Summa Theologica*, Bd. 13: Das Gesetz
(q. 90-105). Kommentiert von O.H. Pesch, Graz u.a. 1977, 202
(q. 100a.3 resp.).

194쪽: Eusebius von Caesarea, Kirchengeschichte. Hg., eingeleitet und
übersetzt von H. Kraft, Ph. Haeuser, H.A. Gärtner, München
1967, 177f. (*Hist.* III 27). - Irenäus (윗글), 116-117. - *Codex
Iustinianeus* und *Codex Theodosianus*, in: Kirchen- und
Theologiegeschichte in Quellen. Bd. I: Alte Kirche. Ausgewählt,
übersetzt und kommentiert von A.M. Ritter, Neukirchen-
Vluyn ⁶1994, 125.

200쪽 이하: 쿠란의 텍스트들은 다음에서 인용했다. Der Koran.
Übersetzung von Rudi Paret, Stuttgart ²1980.

209쪽: A. Neuwirth, Der Koran - Mittelpunkt des Lebens der islamischen
Gemeinde, in: Weltmacht Islam (Bayerische Landeszentrale für
politische Bildungsarbeit), München 1988, 69-91, 여기는 83.

213-215쪽: Martin Luther, Werke. Kritische Gesamtausgabe, Weimar
1883ff. (= WA): WA 7,204f.; WA 16,431 (Predigt 24.9.1525);
WA 24,9.14 (Eine Unterrichtung, wie sich die Christen in Mose sollen
schicken, 1527). - 모든 루터 인용문은 조심스럽게 현대어로
다듬었다.

216쪽: WA 6,229 (Von den guten Werken, 1520). - Evangelische

Bekenntnisse. Bekenntnisschriften der Reformation und neuere
Theologische Erklärungen, Teilband 2, hg. v. R. Mau, Bielefeld
1997 (= EB): EB 2, 39-132 (대교리문답).

216-217쪽: 소교리문답은 EB 2,16-19에 있는 약간 현대화된 본문
형태를 인용했다. 괄호 안에 들어 있는 부분들은 1531년
이후에야 추가되었다.

217-218쪽: Theodor Fontane, Ellernklipp, in: Ders., Romane und
Erzählungen in acht Bänden. Hg. v. P. Goldammer u.a., Berlin
²1973, Bd. 3, 285.

222쪽: Johann Wolfgang Goethe, Götz von Berlichingen mit der eisernen
Hand, in: Goethes Werke. Hamburger Ausgabe in 14 Bänden.
Textkritisch durchgesehen und mit Anmerkungen versehen
von E. Trunz, Hamburg 1948ff., Bd. 4, 94.

223-224쪽: Französische Verfassung vom 24. Juni 1793 und Verfassung
der Französischen Republik vom 22. August 1795, in:
Die Menschenrechte. Erklärungen, Verfassungsartikel,
Internationale Abkommen. Mit einer Einführung hg. von W.
Heidelmeyer (UTB 123), Paderborn 1972, 59, 63-66.

224-225쪽: *Allgemeine Erklärung der Menschenrechte* vom 10.
Dezember 1948, Artikel 1, in: Heidelmeyer, 240.

226-228쪽: 인터액션 카운슬의 "세계인권선언"은 제2차
세계종교의회의 "세계윤리선언" 및 다른 문서들과 함께
Dokumentation zum Weltethos. Hg. von H. Küng, München
2002, 97-106에 있다.

참고문헌

· 연구개관

W. H. Schmidt u.a., Die Zehn Gebote im Rahmen alttestamentlicher
   Ethik (EdF 281), Darmstadt 1993.

M. Köckert, Art. Dekalog, in: Das wissenschaftliche Bibellexikon im
   Internet (WiBiLex), hg. v. M. Bauks und K. Koenen, Stuttgart 2007.

· 규례와 법

U. Manthe (Hg.), Die Rechtskulturen der Antike. Vom Alten Orient bis
   zum Römischen Reich, München 2003.

M. Köckert, Leben in Gottes Gegenwart. Studien zum Verständnis des
   Gesetzes im Alten Testament (FAT 43), Tübingen 2004.

· 셈 방식과 구성

Bo Reicke, Die Zehn Worte in Geschichte und Gegenwart, Beiträge zur
   Geschichte der biblischen Exegese, Bd. 13, Tübingen 1973.

N. Lohfink, Zur Dekalogfassung von Dtn 5 (1965), in: Ders., Studien zum
   Deuteronomium und zur deuteronomistischen Literatur I, Stuttgart
   1990, 193–209.

· 이중 전승과 계열의 형성

F.-L. Hossfeld, Der Dekalog. Seine späten Fassungen, die originale
   Komposition und seine Vorstufen (OBO 45), Fribourg 1982.

A. Graupner, Zum Verhältnis der beiden Dekalogfassungen Ex 20 und
Dtn 5. Ein Gespräch mit F.-L. Hossfeld, ZAW 99, 1987, 308-329.

R. G. Kratz, Der Dekalog im Exodusbuch, VT 44, 1994, 205-238.

Ch. Levin, Der Dekalog am Sinai, VT 35, 1985, 165-191.

• 개별 계명들

T. Veijola, Das 5. Buch Mose. Deuteronomium (ATD 8), Göttingen 2004.

E. Aurelius, Der Ursprung des Ersten Gebots, ZThK 100, 2003, 1-21.

M. Köckert, Wandlungen Gottes im antiken Israel, Berliner Theologische
Zeitschrift 22, 2005, 3-36.

Ch. Uehlinger, Exodus, Stierbild und biblisches Kultbildverbot, in: Ch.
Hardmeier (Hg.), Freiheit und Recht. FS Frank Crüsemann, Gütersloh
2003, 42-77.

Th. R. Elssner, Das Namensmissbrauch-Verbot (Ex 20,7/Dtn 5,11).
Bedeutung, Entstehung und frühe Wirkungsgeschichte (EthSt 75),
Leipzig 1999.

M. Köckert, Leben in Gottes Gegenwart (FAT 43), Tübingen 2004, 109-
151 (zum Sabbatgebot).

H. Jungbauer, 《Ehre Vater und Mutter》 (WUNT II/146), Tübingen 2002.

F.-L. Hossfeld, 《Du sollst nicht töten!》 Das fünfte Dekaloggebot im
Kontext alttestamentlicher Ethik, Stuttgart 2003.

E. Otto, Zur Stellung der Frau in den ältesten Rechtstexten des Alten
Testaments (Ex 20,14; 22,15f.) (1982), in: Ders., Kontinuum und
Proprium. Studien zur Sozial- und Rechtsgeschichte des Alten Orients
und des Alten Testaments (OBC 8), Wiesbaden 1996, 30-48.

• 유대교의 데칼로그

U. Kellermann, Der Dekalog in den Schriften des Frühjudentums, in:
H. Graf Reventlow (Hg.), Weisheit, Ethos und Gebot (BThSt 43),
Neukirchen-Vluyn 2001, 147-226.

• 그리스도교의 십계명

A. Peters, Kommentar zu Luthers Katechismen, Bd. 1: Die Zehn Gebote,
Göttingen 1990.

H. Deuser, Die Zehn Gebote. Kleine Einführung in die theologische
Ethik, Stuttgart 2002.

• 십계명과 인권

H. Küng, Projekt Weltethos, München 1990.

사진 출처

42쪽. Wikimedia Commons, Mbzt.

59쪽. AI로 생성한 이미지.

110쪽. Wikimedia Commons, Natritmeyer.

170쪽. Proceedings of the Society of Biblical Archaeology, Volume 25, 56.